DE NATURALEZA INDÓMITA

Monique Briones

De naturaleza indómita

Cómo crear un jardín y una vida que florezcan

URANO

Argentina – Chile – Colombia – Ecuador – España
Estados Unidos – México – Perú – Uruguay

1.ª edición Mayo 2019

Copyright © 2019 *by* Monique Briones Palacio
Publicado por mediación de Ute Körner Literary Agent – www.uklitag.com
Ilustraciones de interior: © Lucile Prache
All Rights Reserved
© 2019 *by* Ediciones Urano, S.A.U.
Plaza de los Reyes Magos, 8, piso 1.º C y D – 28007 Madrid
www.edicionesurano.com

ISBN: 978-84-16720-66-8
E-ISBN: 978-84-17545-64-2
Depósito legal: B-11.297-2019

Fotocomposición: Ediciones Urano, S.A.U.

Impreso por LIBERDÚPLEX, S.L.
Ctra. BV 2249 Km 7,4 – Polígono Industrial Torrentfondo
08791 Sant Llorenç d'Hortons (Barcelona)

Impreso en España – *Printed in Spain*

«He reducido el mundo a mi jardín y ahora veo
la intensidad de todo lo que existe.»

JOSÉ ORTEGA Y GASSET

Para Eva, mi vida, mi recomienzo,
lo más hermoso que he sembrado jamás.

Índice

«El primer amor se
queda tatuado en
la memoria
del querer
María Díaz

Tapizante
Planta siempre
verde, cubre el
suelo rápidamente
y es de fácil
mantenimiento

Florece
durante
casi todo
el año

Le gusta el sol,
la sombra,
sitios húmedos y
secos

Originaria
de Asia

Pequeña
versátil

Persicaria Capitata

Tapete inglés
(Polygonum capitatum)

«Se está solo en una casa. Y no fuera, sino dentro. En el jardín hay pájaros, gatos. Pero, también, en una ocasión, una ardilla, un hurón. En un jardín no se está solo. Pero, en una casa, se está tan solo que a veces se está perdido.»

MARGUERITE DURAS

*E*staba sola, siempre lo estaba, y a pesar de tener muy presente mi soledad, esta no me molestaba en absoluto. Había un jardín delante de nuestra casa donde solía entretenerme durante horas y horas. La naturaleza a mi alrededor ofrecía estímulos más que suficientes para una niña pequeña y anhelante de nuevos descubrimientos.

Mi hermana, casi dos años mayor que yo, probablemente estaría fuera, jugando con mis primos que vivían dos casas más arriba. Por aquel entonces, jugar en la calle en un viejo barrio de Sao Paulo todavía era seguro. Sin embargo, no siempre me unía a ellos ya que sus juegos solían ser muy turbulentos y, cuando les pillaba un adulto, el castigo nos tocaba a todos. Daba igual el rango que ejercieras en la pandilla de traviesos o si estabas haciendo otra cosa, mientras estuvieras con ellos en la misma habitación y entorno, eso significaba que probablemente habías formado parte de la última conspiración. Por esa razón prefería no arriesgarme y estar más tranquila descubriendo cada uno de los rincones de mi pequeño mundo.

Daba vueltas por allí, persiguiendo mariquitas, mariposas y milpiés, contando piedrecitas, enterrando los dedos en la tierra o persiguiendo al conejo que tenía por mascota. La hierba estaba siempre muy alta en mi enorme territorio, o al menos eso era lo que parecía a mis cuatro años de edad. Todo aparentaba ser grande y muy silvestre, pero según he averiguado años más tarde, el jardín no era muy extenso y solo contaba con unos trescientos metros cuadrados, sin embargo para mí aquel sitio parecía inmenso.

Hierba era todo lo que recubría el terreno, no contaba con nada de árboles, arbustos o alguna enredadera salvaje que pudiera colgar del muro de un vecino. Aquella ausencia de vegetación más elevada se notaba especialmente en los días calurosos, cuando el sol del trópico te castigaba por insistir en permanecer afuera. El aspecto del jardín era descuidado, pero no le importaba a nadie y menos a mí. A mi padre no le sobraba momentos para mantener la hierba baja ya que siempre estaba trabajando, de viaje con su camión o en el mercado donde la familia tenía un puesto de charcutería y a mi madre no la veíamos mucho por casa antes de la hora de cenar.

En uno de estos paseos por mis verdes dominios, un día cualquiera, descubrí algo muy cerca del suelo que desentonaba entre tanto verde, entre tanto matorral. Tenía un colorido pálido y se repetía en varios pequeños pompones, eran flores. Ya había visto flores en el jardín de mi abuela, pero nunca las había tocado ni tampoco había distinguido a cualquier tipo de flor entre toda la hierba de mi casa.

La diminuta planta tenía muchas de estas florecillas que yo llamaba pompones rosas y sus hojas eran pequeñas, de un verde oscuro con una marca central en forma de flecha de un color morado apuntando hacia el cielo, era preciosa y muy llamativa. Cubría una insignificante porción del suelo y no tenía mucha altura, pero era tan distinta de todo lo que había allí, que destacaba (*Polygonum capitatum*).

Arranqué una de las flores sin tener mucha idea de lo que hacía, cogí un tarro viejo de plástico que encontré y con una cuchara sopera de la cocina me puse a escarbar un agujero en el jardín para poder sacar tierra y entonces, como había visto a mi abuela obrar en más de una ocasión llené el pote de tierra del jardín, al acabar de llenarlo hice un agujero con el dedo índice en el centro y metí la rama de la pequeña flor. Sin raíces, sin nada. ¿Qué sabía yo de plantas?

No tardó más que un día para que la florecilla se secara y perdiera su precioso color. Entonces me fui a mirar cómo estaban las flores que aún quedaban en la planta madre, y estas seguían igual que el día anterior. Con su color rosa pálido tan precioso, las ramas aún verdes y tan viva como antes.

A pesar de mi poca edad no me costó mucho entender que en mi afán de tener la belleza de aquella flor más cerca de mí en la ventana de la habitación, la había matado. Estaba claro que ya que no sabía cómo trasplantar, debería haber dejado la flor en su sitio y no arrancarla. ¿Pero cómo, en mi poca edad podría llegar a imaginarlo?

Unos años más tarde me daría cuenta de que los seres humanos tendemos a repetir este error una y otra vez, a lo largo de nuestras vidas, siempre estamos queriendo poseer las cosas, las personas, los momentos. Nos olvidamos de que es posible una apreciación más sencilla de la vida, sin que tengamos que dominarlo todo.

Sin embargo, de la misma manera que entendí que había matado la flor, también comprendí que la planta madre aún seguía viva y me puse a quitar toda la hierba que había alrededor de esta, para que pudiera verla mejor y para que tuviera más espacio para lucirse en mi vergel.

Cada día iba a visitar a mi nuevo hallazgo y veía como la planta crecía de forma perezosa pero rápida, sus nuevos brotes, los capullos y las flores que duraban un par de días y luego cedían su turno a las nuevas flores.

El ciclo se repetía.

Así mis jornadas adquirieron un nuevo sabor, el observar crecer día a día aquella plantita y la labor de ir abriéndole camino quitando las hierbas, había llenado de sentido y de alegría mis solitarios momentos esperando a que los adultos volvieran de sus atareadas vidas.

No obstante, pronto las cosas cambiaron cuando una mañana de domingo desperté con el ruido de un motor fuera y reconocí al cortador de césped. Salí desesperada al jardín, aún en pijama y descalza con un calcetín puesto, y corrí afligida hacia el sitio de mis alegrías pero ya era tarde. Cuando llegué al cobijo de mi preciada planta, lo peor ya había ocurrido: un cruel asesinato. Mi planta había sido destrozada en mil partes por la odiosa «segadora de vidas», pilotada por mi padre.

Ya no quedaba nada, solo se veían los montones de restos de hierba por recoger, restos que acabarían quedando en el mismo sitio por semanas y yo ya ni siquiera podía reconocer los vestigios de mi planta entre la hierba segada. Desolación, desamparo, tristeza.

A llorar. No me quedaba otra. La orden de limpiar el jardín venía de mi madre, mi padre solo le obedecía, y nadie podría saber qué pequeños tesoros tenía yo allí escondidos. ¿Cómo podrían imaginar siquiera que me dolía en el alma haber perdido a mi mayor riqueza? ¿Cómo podrían llegar a entender mi afecto por algo tan efímero y, para ellos, tan banal y fútil?

Me encerré en la habitación que compartía en aquella época con la que era mi única hermana. A contar ovejitas blancas del desvanecido papel pintado rosa que teníamos en la pared.

Ya lloraría mi pérdida con la abuela, y le pediría prestado su jardín para observar las plantas. Yo creía que la abuela Rosa era la única que podría entender mi desilusión, porque la había visto muchas veces regañar al abuelo por no haber tenido el cuidado suficiente con algunas de sus plantas.

No obstante, este incidente me marcó y ya no había vuelta atrás. Aquella pequeña planta, mi tesoro, había despertado algo en mi interior que me cambiaría la vida. No sé si ya lo llevaba dentro, si era algo genéti-co o intrínseco, pero desde entonces esa peculiar pasión por las plantas y por la naturaleza solo hizo que crecer.

Las flores cambian
de color, pasando
del lila al blanco

Flores en
primavera
y verano.

Único
alimento de
la mariposa
del manacá.

Nativa
de la Mata
Atlántica del
sur de Brasil
Subtropical

Brunfelsia uniflora

El árbol de las mariposas
(Brunfelsia uniflora)

«¿Una flor caída volviendo a la rama? Era una mariposa.»

Io Sogi

Con el jardín recién segado, ya no había mucho que ver o descubrir. Las tardes se me hacían eternas y, sobre todo, aburridas; por eso decidí aventurarme por el vecindario curioseando en los jardines ajenos. En aquella época casi todos los vecinos tenían jardín, para ser más justa tenían una buena parcela con tierra. Algunos lo aprovechaban y plantaban de todo, otros dejaban crecer la hierba a su antojo.

No era un barrio noble, nada más alejado de la realidad. Era un barrio obrero y bastante humilde, sin embargo, todas las casas tenían terreno; podría estar solado en algún caso pero la gran mayoría eran parcelas más bien agrestes. Algunos dejaban antever verdaderas joyas, plantas y arbustos que despertaban mi curiosidad y la voluntad de pasar a verlos más de cerca, pero el protocolo y los modales me lo impedían. Otras casas tenían las plantas más cerca de la valla de la calle a modo de barrera visual, para que algún cotilla, como yo, que paseara por el barrio merodeando no fisgoneara mucho lo que había en el interior de las parcelas.

Cada tarde repetía mi recorrido, apuntando mentalmente mis plantas favoritas, según iba acompañando los cambios que presentaban día a día. Algunas plantas que antes no habían llamado mi atención, de repente me hacían parar para admirarlas porque habían cambiado completamente. Pasaban de ser un simple arbusto a tener flores, o de tener flores a ostentar tentadores frutos.

Pienso que la observación constante del entorno en el que uno se encuentra es sin duda la mejor escuela. Observando con esmero puedes aprender sobre las plantas y su asombrosa morfología, sobre el tiempo que deja atrás lo superfluo y las implicaciones de su suceder, de sus suaves caricias al paisaje tan cambiante… Pero, sin duda, si eres un buen observador puedes profundizar mucho en la forma en que la naturaleza humana, como el hombre en general, se relaciona e interfiere con el entorno y el medioambiente.

En una de esas excursiones por el barrio, descubrí un arbolito lleno de flores y al que antes no tenía controlado. Lo más increíble era que las flores eran de distintos colores: flores blancas y lilas en la misma planta *(Brunfelsia uniflora)*. Nunca había visto algo así, creía que todas las plantas que producían flores lo hacían con el mismo color.

Era como si de mi melena salieran mechones de distintos colores.

No entendía cómo lo hacía el arbolito, pero me fascinaba. Las flores eran muy sencillas, con cinco pétalos, pero además tenían un delicioso y delicado perfume y siempre estaban rodeadas de mariposas *(Methona themisto)*. En los días siguientes, gracias a la insistencia y a la observación, aprecié que las flores en primer lugar salían púrpuras y que, curiosamente, con el pasar del tiempo iban clareando y haciéndose cada vez más blancas. El delicado tronco que se ramificaba desde la base tenía un color grisáceo y unas manchas blanquecinas muy bonitas. Era un arbolito precioso.

Al arrancar una rama para regalársela a mi abuela, y aprovechar así para que me contara algo sobre la planta y me dijera su nombre, empezaron a lloverme orugas encima; me llevé un susto de muerte.

Así me enteré de que aquel arbolito de una belleza tan intrigante y provocadora albergaba unos habitantes un tanto espeluznantes. Era una planta de aspecto inocente que escondía entre sus ramas una cantidad importante de orugas negras con rayas amarillas muy imponentes y, para mi corta edad, algo temibles.

El árbol estaba totalmente plagado, pero en mi fascinación por las flores no me había fijado en ellas. Al igual que las mariposas, las lagartas eran negras con anillos amarillos de un tono muy vivo, casi fosforescente, eran unas larvas que inspiraban muchísimo respecto.

Después de eso aprendí que no era buena idea arrancarle más ramas a aquel arbolito, ya que, según decía la abuela, esa planta era como una despensa para aquellas lagartas. Vivían en harmonía y la hoja de la *Brunfelsia* era el único alimento para aquella especie de lepidóptero en sus distintos ciclos de vida, y para que pudieran transformarse en las mariposas que tanto me hechizaban, yo debería saber apreciarla desde la distancia, oliendo su perfume sin acercarme mucho.

Cada tarde en aquellos paseos pasaba por el arbolito, paraba un momento a olerlo y a esperar, y si había suerte, alguna mariposa se me acercaba y volaba a mi alrededor. Solo entonces seguía mi camino.

Contenta, brincando.

Satisfecha con creer que las mariposas me aceptaban en su entorno, jamás intenté atrapar a ninguna. Me gustaba simplemente verlas volar, eran como flores sin ramas, eran flores coloridas que volaban libres.

Ellas tenían la capacidad de hacer que me sintiera especial meramente por acercarse tanto a mí, porque al aproximarse como lo hacían, me daba la impresión de que podían advertir que yo no ofrecía ningún peligro a su pacífica forma de vida. Que solo era una atenta y cautiva admiradora.

Con el tiempo llegué a creer que esperaban por mí cada tarde. La inocencia de un niño es algo poderoso y es muy curiosa la forma que encuentra de suplir sus necesidades de cariño, de afecto. Un niño solitario busca en las pequeñas cosas pruebas de que es amado, de que es bienvenido en este mundo y de que alguien percibe su sutil existencia, aunque sea en el entorno más indómito.

Pero lo más curioso o importante es el poder que sí tiene la naturaleza de curar a una persona, de tranquilizarla, de completarla. Ese poder que muchos no entienden o no aprecian, para otras personas es vital. Les llena de sentido y de inspiración, cambiando su forma de ver la vida, de apreciar el mundo y de entender a las personas.

Porque uno comprende lo afortunado que es cuando por fin alcanza a distinguir la delicada firmeza del vínculo que prevalece entre las personas y los demás seres vivos, entre el individuo y el planeta, este inestimable regalo que es poder ser parte del conjunto y no únicamente algo aislado o soberano, como erróneamente muchos hombres de forma tan soberbia piensan ser.

Empiezas a entender cosas tan asombrosas como que la luna no sonríe para ti exclusivamente, pero sin embargo esta nueva percepción te permite simular que ni siquiera te importa.

Porque sientes que tú eres parte de la luna. Que estás conectado con ella así como con el río que corre buscando el mar, con el viento que dispersa las semillas, con los árboles que crecen hasta el infinito.

Siempre he tenido la suerte de tener una percepción muy desarrollada, lo que me ha permitido sentir a flor de piel que sin las plantas, sin la naturaleza, no somos nadie. Dependemos directa e indirectamente de ellas. Nos gusta tratar a la madre tierra como si fuera nuestra servidora, pero hasta que no percibes que no eres más que una mota de polvo en la vida del planeta, no eres capaz de avanzar, de crecer, de evolucionar.

Así es como desde muy pronto comprendí el efecto que ejercía sobre mí la tierra, las plantas y la naturaleza.

Gracias a haber estado siempre abierta de par en par a todo lo inmenso que tenía la naturaleza para enseñarme, tan abierta como las puertas y ventanas de una casa de campo en los primeros días de sol de primavera, por donde entra esa perfumada y ansiada brisa que recorre cada rincón oculto, oxigenando, reciclando e impulsando, permitiendo que se quede atrás el crudo invierno.

Despejada para que ese vigorizante soplo de aire, con olor a flores efímeras pero multicolores, me refrescara las habitaciones, los armarios y los cajones más profundos. Ningún rincón dentro de mí ha estado jamás cerrado a lo salvaje, a lo exótico, a lo rústico y campestre. Al valor que tienen sus enseñanzas.

Siempre he sabido reconocer su magia, su poder.

Esa brisa, ese frescor que trae la naturaleza a la vida de las personas es algo invisible, algo que solo puedes sentir cuando te desnudas de todo y de cualquier prejuicio que puedas llevar puesto.

Flor sin
néctar

Las flores huelen
más y mejor
por la noche

No resiste
el frío intenso,
prefiere altas
temperaturas

Se multiplica
por esquejes
fácilmente

Alcanza
hasta seis
metros de
altura

Origen
América
Central

Plumeria spp

Plumeria

«*¿Sabemos qué sería una humanidad que no conociera las flores?*»

Maurice Maeterlinck

Se pasaron los días y me uní a mi hermana y a nuestros primos. No es que no me atrajera más el jardín, pero no había nada para ver o hacer allí, todo era devastación y montones de hierba cortada que al remover dejaban salir pequeños y feos insectos.

La pandilla de los primos estaba encabezada por mi hermana, que era también la mayor con seis años de edad. Éramos tremendos, cada uno a su forma. Las canicas, las cometas, el fútbol descalzos en la calle. Imbatibles, siempre tramando una nueva aventura o buscando un desafío desconocido.

Mi abuelo materno era quien mayormente nos cuidaba a todos los de la pandilla. Su tarea era permitírnoslo todo. No había límites para las trastadas y no hacía falta pedir permiso para nada.

Un sitio que nos gustaba mucho para jugar era la azotea de la casa de mis abuelos, era perfecta. Buenas vistas, las cometas volaban fácil desde allí y estaba bastante alejada de los oídos adultos. Era sin duda lo suficientemente peligrosa para atraernos.

Por supuesto, un verano se acabó el jugar allí cuando, por una chiquillada, tiramos a mi hermana mayor por el borde. Eso de subirte en un cubo, y que tu primo se suba a tu espalda y tu hermana se suba a la de él para alcanzar más lejos no lo calculamos bien.

Nuestra cabecilla se echó a volar. Desde siete metros de altura directamente al suelo. Estuvo en coma un par de días, se rompió la clavícula y su rostro se puso muy morado, casi negro.

Para nuestra suerte algunos milagros sí que ocurren. Se despertó unos días después dando guerra otra vez y, por fortuna, sobrevivió sin secuelas a lo que fue una de nuestras trastadas más míticas...

El susto fue grande y cobramos todos los niños, pero a mi abuelo le cayó la gorda. Pobre abuelo, la mejor niñera del mundo y la bronca que le echaron.

Así que empezó una temporada de castigos en la barbería que él regentaba y el merecido era jugar al tablero de damas con él. No creo que haya llegado a ganarle nunca, el hombre era muy bueno en lo suyo y dejarnos ganar no formaba parte del escarmiento, por lo menos eso decía él.

Cuando terminaban los castigos en la barbería, mi abuelo me dejaba pasar al que un día había sido el jardín de la casa. Lo que quedaba de él. Antes, allí había césped, distintos rosales y muchas otras plantas.

Sin embargo, lo más impactante del pequeño jardín era un hermoso árbol tropical que presidía el espacio de forma magnífica y tranquilizadora. La *Plumeria* lo perfumaba todo, con flores sencillas y muy delicadas, pero de una belleza pura y fresca. Cada una de aquellas flores era como un tesoro que guardaba en mis bolsillos con la esperanza de que su perfume se quedara en mis ropas para siempre. Debajo de su sombra y rodeados de un césped de hojas muy finas y suaves pasábamos largos ratos tendidos mirando al infinito.

Pero mi abuelo, cansado de cortar el césped y de limpiar la «suciedad» que generaban las plantas, cortó el árbol y lo cubrió todo con pavimento. Así, sin ningún comedimiento, destrozó aquel pequeño paraíso.

Después de esa masacre, el jardín de mi abuela materna quedó resumido en unas cuantas macetas con plantas, un triste patio punteado con tiestos y jardineras pero que se limpiaba muy fácilmente. Un «manguerazo» y listo, decía orgulloso nuestro benevolente verdugo.

Hoy miro atrás y jamás llegaré a entender cómo mi abuela le permitió pavimentar su jardín.

Siempre he disfrutado del hecho de que mis dos abuelas fueran amantes de la jardinería, pero cuando te haces mayor pasas a mirar las cosas desde otro ángulo. Y si bien es verdad que mucho de lo que sé de la flora autóctona de Brasil me lo enseñaron ellas, me da mucha pena que cediera a la presión y permitiera que un bello jardín desapareciera, buscando reducir el mantenimiento que conllevaba.

Pavimentar zonas verdes es algo que hacen muchos adultos hoy en día. Lo que desconocen es que existe una altísima probabilidad de arrepentimientos futuros.

Los verdaderos amantes de la naturaleza disfrutan mucho con la jardinería en sí y son plenamente conscientes del trabajo que implica cuidar de las plantas y de los espacios exteriores. Entienden que si hay amor y admiración por el mundo vegetal, también hay placer en mantener las plantas y acompañar su desarrollo.

De lo contrario, ¿cuánto ama de verdad una persona la jardinería si todo cuanto quiere de un jardín son solamente sus flores, si el mantenimiento de las plantas le aburre de forma tan intensa que lo rehúye?

¿Alguien puede decir que es un amante de los pájaros cuando los tiene en jaulas? Encarcelados de por vida, privados de su albedrío, imposibilitados de coger bayas de los arbustos en otoño o de poder volar libres en un precioso atardecer.

¿Ama a los pájaros una persona que los encierra solamente para disfrutar de forma egoísta de su canto? ¿No llega a sentir que esos cantos pueden ser de pura tristeza?

¿Le importa a una persona la esencia de la naturaleza cuando mira a un grandioso árbol en el jardín, un veterano ser vivo que oxigena, da cobijo y sombra, que se agarra con una fuerza ancestral al suelo, que luce desde lo más alto un verde oscilante y que susurra historias de otras vidas al viento, si lo corta únicamente porque le suponía demasiado trabajo recoger sus hojas caídas en el patio?

¿Es capaz de sentir la conexión que existe entre cada uno de los árboles y todos los demás seres vivos que habitan en este planeta, que duermen sobre el mismo suelo y bajo el mismo manto estrellado?

Yo particularmente pienso que no, pero es mi opinión únicamente. Los jardines traen sus regalos pero hay que atenderlos, hay que mimarlos. Hay muchas plantas que apenas suponen mantenimiento, pero que a cambio también sufren pocas alteraciones morfo y fisiológicas, lo que implica que para la vista y los sentidos pueden ser un pelín aburridas. Pueden tener una importante función estética en jardines modernos y decorativos de hoteles, restaurantes, sitios públicos, etc., ya que necesitan poco mantenimiento (en estos sitios el bajo mantenimiento suele ser necesario). Además, están en sitios de paso, en jardines hechos para personas que no los verán siempre y los cambios no importan mucho. Es más importante que estén limpios y tengan un buen aspecto.

Pero en un jardín particular o privado pienso que cuantos más cambios a lo largo de las estaciones haya, mejor. Así, el jardín puede hacer manifiesto en cada momento que es un ser vivo, con las alteraciones que corresponden a cada etapa del desarrollo biológico y de las estaciones. Constantes mudanzas y diversos beneficios. Deleitándonos con cada fascinante cambio. Recoger las hojas, podar, segar y quitar malas hierbas son actividades que deberían ser vistas como condición esencial del privilegio de tener un delicioso y complaciente jardín.

Además, la jardinería es más económica que cualquier terapia que se pueda recomendar, y sin efectos secundarios, exceptuando que te puedas volver adicto.

¿Alguna vez has tenido la oportunidad de arrancar malas hierbas? ¿Ir recorriendo el parterre en busca de las plantas que consideramos intrusas porque no han sido cultivadas, pero que insisten en nacer y crecer más rápidamente que las demás, robándoles agua y nutrientes, colonizando los espacios vacíos simplemente por tener una ventaja evolutiva en su código genético que les permite adaptarse mejor a distintas y complicadas circunstancias?

Es algo altamente relajante y renovador. Vas arrancando hierbajos y arrancando pensamientos inoportunos, que insisten en nacer y arraigar sin ser invitados, dominando tu mente y haciéndote sentir como si te arrastrases. La jardinería en general es algo tan gratificante que no alcanzo a entender cómo puede no gustarle a alguien tocar la tierra con sus manos mientras planta algo nuevo en el jardín, o sentir cómo fluye la savia en una planta mientras busca el punto exacto en una rama donde podarla. Cortar flores que un día has sembrado en un rincón para decorar la mesa en una comida familiar, o cosechar tomates del huerto para la ensalada y probar el auténtico sabor del fruto.

Es gratificante, es mágico, es poder conectar con algo superior a nosotros mismos.

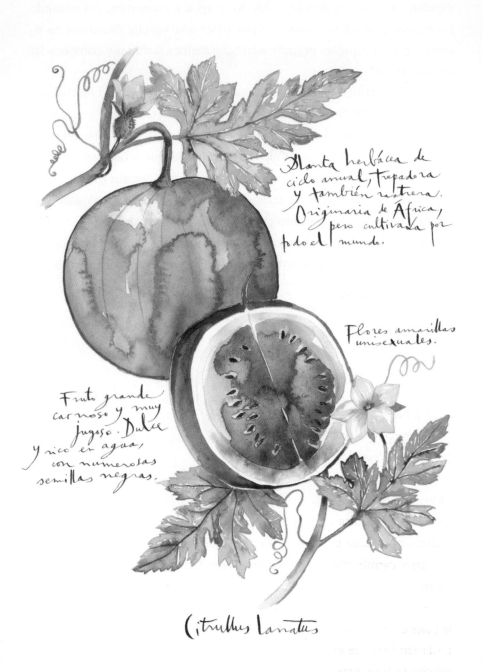

Planta herbácea de ciclo anual, trepadora y también rastrera. Originaria de África, pero cultivada por todo el mundo.

Flores amarillas unisexuales.

Fruto grande carnoso y muy jugoso. Dulce y rico en agua, con numerosas semillas negras.

Citrullus Lanatus

Sandías
(Citrullus lanatus)

«Los niños han de tener mucha tolerancia con los adultos.»

ANTOINE DE SAINT-EXUPÉRY

La hierba volvió a crecer en el jardín, y yo volví a los paseos por mi vergel. Quería acompañar su crecimiento, observar el paso del tiempo analizando cada centímetro del terreno.

Mi preciada planta, la que creía exterminada, aparentaba tener brotes nuevos, lo que me hizo pensar que su *corazón* debían de ser sus raíces y que por eso habría podido «resurgir», lo que hizo que en mí también brotara una dulce esperanza. Tenía hojas diminutas de un color verde oscuro y carmín que me parecieron algo tan hermoso como un regalo inesperado.

Busqué palos y piedras e hice una especie de valla muy torpe, para que la planta estuviera protegida de nuevos ataques. Aunque sabía que estos tardarían bastante en repetirse, ya que mi padre estaba en una época de mucho trabajo durante la semana y, como estaba tan poco en casa, la segadora no era su actividad favorita en el poco tiempo libre del que disponía. Lo que era muy comprensible y para mi jardín, un respiro.

También me interesó mucho una planta que no había visto aún. Tenía hojas estrelladas, bastante más grandes que la palma de mi pequeña mano. Me parecía muy interesante porque tenía un tono de verde muy intenso con líneas más claras, como venas, muy marcadas. Crecía muy rápidamente y de forma horizontal, era una planta rastrera.

Pasados algunos días, de esta planta brotaron algunas flores amarillas que parecían campanas, las llamaba cariñosamente falda de hadas. Cuando las flores se secaron, ante mi asombro, las plantas empezaron a formar bolitas y esas bolitas crecían a un buen ritmo. Me tuvieron intrigada durante un tiempo hasta que me di cuenta de lo que eran.

¡Sandías!! ¡Eran sandías!

¿Pero cómo podía estar creciendo una sandía en mi jardín?

¿Cómo funcionaba esto del mundo de las plantas? ¿Ellas elegían dónde querían nacer, y ya está?

Cuando por la noche comenté mi descubrimiento a mi padre, él me explicó que probablemente yo habría dejado caer alguna semilla por allí mientras comía un buen trozo de sandía.

¿Así que yo hice aquella planta?, le pregunté.

No, me explicó. Yo solamente le había dado un sitio donde crecer.

Entonces era así como funcionaba… Ponías las semillas de las frutas en el suelo y las plantas hacían lo demás. Más adelante, pensé que mi abuela debía de tener un don mágico, porque era capaz de hacer que una planta creciera a partir de una ramita pequeña o de un tallo…

¡Que ilusión!

Me sentía estupenda, importante. Entendí entonces que podía hacer mucho más que dibujar flores con mis lápices de colores. Yo podía crearlas.

Empecé a tener sueños de grandeza: ser granjera y cultivar todas las frutas del mundo.

No hace falta decir que plantaba semillas de todas las frutas que me comía en el jardín; las grandes, las pequeñas, todas las que caían en mis manos. E incluso tuve suerte con algunos tomates, y con unos pimientos. Pero nada más. La mayoría aún se me resistía.

Todo lo que crecía allí que no fuera hierba yo lo protegía con lo que encontraba en el aparcamiento de mi abuelo. Ladrillos, palos, piedras, botellas vacías. Era mi forma de intentar controlar el entorno. De evitar que me las arrebataran.

Porque sabía que para mis padres las plantas eran todas iguales, ellos no tenían el ojo sensible a sus diferencias. Y sabía que cuando viniera la segadora otra vez, los sitios donde esta no debía entrar tenían que estar bien marcados.

Lo que yo no sabía es que a mi madre eso le daba igual.

Vivía en una casa con terreno no porque le gustaran las plantas y los jardines. Lo cierto era que cuando mis padres se casaron aquella casa era la única disponible que se encontraba cerca de la de su madre, en el barrio donde había crecido. Como se casó muy joven, tenía la esperanza de que al estar cerca tendría a alguien que la ayudara con las tareas del hogar y con el cuidado de la hija que ya venía de camino.

Cuando mi padre segó la hierba dejó pequeños círculos por el jardín sin cortar a mi pedido; eran todos los «cobijos» que yo había hecho para mis plantitas y aquello le pareció a mi madre un montón de basura. Así que hizo que mi padre lo tirara todo y dejara la zona del «jardín» lo más uniforme y limpia posible. Llevaba mucho tiempo regañándole para que segara el jardín, y ahora que por fin lo tenía atareado no iba a permitir que la siega se quedara a medias.

Todo, todo, todo destrozado.

A sus ojos, el jardín estaba ordenado, despejado y limpio. ¿Pero qué saben los adultos? Buscan practicidad, orden, costumbres. Se pierden los detalles, la magia, las hadas y los unicornios que solo los niños son capaces de ver en el mundo que les rodea.

Al final les consume el cansancio, el aburrimiento, se vuelven pragmáticos, agrios y ásperos, se olvidan de que hubo una época en sus vidas donde todo era más sencillo, porque podían ver de verdad y no solo mirar. Una época en la que el encanto de no perder de vista un caracol que se mueve y deja un rastro brillante a su paso era lo más urgente, o cuando apreciar cómo una mariquita se alimenta del pulgón que daña a la planta era lo que les aguzaba los sentidos, les hacía sentirse parte del todo.

Efectivamente la vida es mucho más sencilla cuando se es niño; no hay que trabajar, no hay tantas preocupaciones, ni problemas. Pero todo se hace más llevadero cuando sabemos apreciar las maravillas del mundo con esa inocencia característica de quien vive todo como si fuera la primera vez, de quien es agraciado con poder ver con todos los sentidos y no solo con los ojos.

Para la mayoría de las personas caminar por un bosque es solo eso, caminar. No se les ocurre tocar el musgo que hay en los troncos de los árboles y sentir la inesperada suavidad del roce de algo tan pequeño y profuso. No les resulta espontáneo tumbarse un rato y mirar hacia arriba, a la copa entrecerrada de los árboles que bailan con la suave brisa, y sentirse pequeñitos, sentirse un hierbajo.

De haber sido mayor, le hubiera pedido a un adulto que me hiciera un huerto, pero por aquel entonces no sabía qué era eso, y a mis adultos tampoco se les ocurrió hacerlo; mira que teníamos terreno para ello, pero nada. Creo que todavía no se imaginaban la fascinación que ejercía en mí todo el mundo de las plantas. ¿Cómo lo iban a imaginar si para la mayoría de las personas adultas los jardines y las plantas son una gran pérdida de tiempo?

Así que adiós a cualquier esperanza de tener un día un jardín allí. Porque seguir plantando significaría más lágrimas a cada nuevo ataque de la segadora.

Adiós sandías, tomates y flores.

No obstante, bienvenida la determinación. Determinación motivada por una semilla que fue plantada aquel mismo día en mi pequeña conciencia. Una semilla que germinó la persistencia y el tesón que llevaba dentro. Despertando el apetito por tener mi propio jardín, uno solo para mí, que nadie pudiera destrozar nunca. No me imaginaba lo que tardaría en llegar ese día, tampoco todo lo que tendría que pasar entremedias. Pero sabía que tarde o temprano tendría mi oasis privado y, mientras tanto, me prepararía para que, cuando llegara la oportunidad de tener ese cachito de tierra donde plantar, fuera el rincón más precioso del mundo.

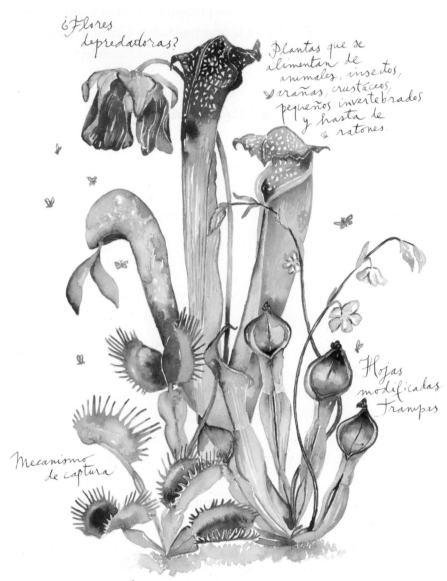

¿Flores depredadoras?

Plantas que se alimentan de animales, insectos, arañas, crustáceos, pequeños invertebrados y hasta de ratones.

Hojas modificadas trampas

Mecanismo de captura

Plantas carnívoras varias

Carnívoras

«La naturaleza es verdaderamente coherente y confortable consigo misma.»

Isaac Newton

Pronto añadí otra pasión a mi vida, los libros.

Mi perdición eran los armarios de la casa de la abuela Rosa. Ella y mi abuelo Amador tenían que ir a menudo a la ciudad de Santos, donde estaba la embajada de España más cercana, para presentar el documento de fe de vida. Allí aprovechaban para recorrer tiendas de libros usados y traían consigo muchos a casa. Cada que vez que íbamos a verlos o en las vacaciones de verano, me tiraba horas repasando esos armarios y buscando pequeños tesoros.

Luego, una vez enganchada a la lectura, todos los intervalos del colegio los pasaba en la biblioteca.

Un día encontré un libro que me enganchó solo con ver su título y su portada. Nunca lo encontré en español, pero la traducción de su título sería algo como «El niño del dedo verde», de Maurice Druon.

Es un cuento para niños y trata de la historia de un chico de ocho años de familia adinerada. Su padre tiene una fábrica de armas y cañones.

Le expulsan del colegio por dormir en clase y deciden enseñarle en casa, sin libros, solamente con experiencias de vida.

Uno de sus profesores es el jardinero que trabajaba para la familia. Y juntos descubren que el niño Tistu tiene un don mágico: un dedo verde. El poder de hacer crecer plantas allí donde toca con su pulgar.

Después de entrar en contacto con el mundo que queda más allá de las verjas de su casa y ver las injusticias que sufren las personas menos favorecidas, Tistu decide cambiar el mundo con su don, haciendo crecer plantas por donde pasa.

Llega a llenar de plantas y flores una cárcel, impidiendo que el portón se pueda cerrar, pero los delincuentes no quieren huir de la cárcel porque están maravillados por cómo ha quedado el sitio.

Peripecias de Tistu aparte, para una niña como yo el cuento cumplió con su cometido. No solo me hizo querer cambiar el mundo con plantas y flores, también dejó grabada en mí la creencia de que el dedo verde es un don real.

Lo he visto en mis abuelas y más tarde tuve la oportunidad de comprobar la herencia genética.

Está claro que no hablo de la magia de tocar una pared y ver cómo crecen inmediatamente plantas en ella. No, no me refiero a eso.

Me refiero a la capacidad de una persona para hacer que una planta dé mejores resultados, más flores, que crezca más, que tenga más perfume. O incluso que sea capaz de hacer germinar una semilla donde antes no había manera de que naciera nada.

Puede sonar a devaneo, pero en los años venideros he tenido diversas experiencias que me han hecho comprobar esa aptitud.

Por supuesto, el efecto inverso también es real, porque he oído durante toda mi vida comentarios de amigos y familiares como: «A mí las plantas no se me dan muy bien, mato incluso a los cactus».

En casa siempre teníamos macetas de plantas muertas que algún insensato insistía en regalar en el Día de la Madre. Algunas eran muy difíciles de matar, sin embargo, mi madre siempre tenía éxito en asesinarlas, normalmente por ponerles demasiada agua, algo que hacía sobre todo por una falta de conocimiento de las necesidades de cada planta más que por descuido. Con el tiempo, pasé a encargarme de ellas antes de que les pasara lo peor y a muchas las pude «resucitar», lo que me hacía pensar que tal vez también tuviera dedos verdes.

Obviamente hay explicaciones científicas para este tipo de fenómenos, porque por más que algunas personas no lo lleguen a entender, las plantas son capaces de sentir. Son capaces de ver, de oír, de oler y sí, son capaces de percibir el mundo que las rodea, como podemos leer en *What a plant knows, de* Daniel Chamovitz.

No se trata de un sentir como el de los humanos, ya que las plantas no tienen ojos, ni cerebro, o una nariz y un sistema nervioso, pero las plantas han desarrollado un complejo sistema sensorial que les garantiza la supervivencia en un ecosistema constantemente cambiante, del cual ellas no tienen la capacidad de escapar. Son capaces de sentir y de reconocer su entorno.

Las plantas saben diferenciar el día de la noche, y esto se debe a que pueden «ver» la luz, así como diferenciar diversos colores, ya que estos son los que regulan su crecimiento y su floración, entre otras cosas. ¿Qué decir del girasol? ¿Por qué se giraría y seguiría la luz de no ser capaz de «verla»? El propio Darwin demostró, a través de un experimento bastante sencillo en el cual plantas instaladas en un cuarto oscuro se giraban en la dirección de una vela que había en un rincón, que las plantas tienen un sistema de visión rudimentario.

¿Cómo podrían sino hacer los procesos de la fotosíntesis si no pudieran ver la luz?

¿Cómo podría un árbol saber que es el momento de perder las hojas si no pudiera ver que los días se hacen más cortos?

También se ha demostrado que las plantas pueden percibir el olor. Por ejemplo, cuando hay un ataque masivo de plagas las plantas emiten químicos en el aire para avisar a las demás. El tan apreciado olor a césped recién cortado también funciona de forma similar, ya que es un «perfume» que las plantas desprenden como forma de advertencia.

Las raíces, cuando encuentran un obstáculo en el suelo, cambian de dirección para poder seguir desarrollándose y hay plantas como la *Mimosa pudica* que encierran sus hojas cuando las tocas.

Y sí, por supuesto que las plantas responden a ciertos tipos de sonidos y vibraciones. Varias flores lo demuestran, ya que solo liberan el polen cuando la parte terminal del estambre maduro percibe determinada vibración en la correcta frecuencia, la frecuencia de sus polinizadores.

Una vez alguien le regaló a mi madre, con un buen tono de sarcasmo, un tarro con plantas carnívoras, ya que ella siempre se quejaba de que las plantas atraían a los «bichos». Le dijeron que esta vez no había peligro y que la planta se zamparía todos los que se atrevieran a acercarse.

Me enamoré. Me sentía fascinada. ¿Y cómo no? Una planta que se alimenta de insectos, que los atrapa. Que cuando nota que se le posa una mosca, cierra sus trampas apresando la futura cena. Y no de una forma tan sencilla porque, además, tiene un elaborado mecanismo que la ayuda a diferenciar cuándo vale la pena cerrar las hojas. Es decir, el insecto debe tocar un pelo interno de la hoja y luego otro en unos pocos segundos, lo cual activa el mecanismo de cierre. De lo contrario, podría tratase de una simple partícula que se hubiera caído de un árbol o de una gota de agua, con lo cual no valdría la pena cerrarse, ya que consumiría una cantidad de energía importante para la planta. Luego ella va poco a poco secretando enzimas y digiriendo la presa durante algo más de una semana.

Una demostración irrefutable de la sensibilidad de las plantas. De que son perceptivas al toque, a la gravedad y a la presión del aire, y a muchísimo más que aún no alcanzamos a saber. Auténticos prodigios.

Creo que tales capacidades de las plantas son aptitudes evolutivas que están principalmente enfocadas a la supervivencia de cada especie. Pero puede que si nos ponemos a pensar de una forma más romántica podríamos decir que algunas de esas facultades les permiten notar cuándo una persona conecta con la tierra, cuándo comprende la magnitud y la importancia de lo que está haciendo. Cuando una persona puede dedicarse a plantar o a cultivar e incluso a podar.

Se produce una sinergia entre ser humano y planta y así es como debería ser.

Nosotros dependemos de las plantas mucho más de lo que pensamos habitualmente o de lo que queramos admitir. Vivimos y evolucionamos a través de ellas, porque hasta el más carnívoro de los hombres necesita que haya un pasto muy verde donde las vacas puedan alimentarse.

Si un día fuéramos capaces de percibir cuán pequeños somos y lo poco que sabemos del mundo que habitamos, y que desgraciadamente no valoramos lo suficiente, tal vez, solo tal vez, tendríamos una oportunidad de alcanzar una existencia realmente transcendente. De dejar una herencia con auténtico valor a nuestras futuras generaciones.

Conquistadora nata
de terrenos y
de corazones

Alegría tropical

Le gusta la humedad
y no soporta las heladas
Propagación mayormente
por semillas

Nativa
de África

Impatiens walleriana

Las sinvergüenzas

(Impatiens walleriana)

«Hay quien cruza el bosque y solo ve leña para el fuego.»

León Tolstói

Cada vez que bajábamos a la playa para visitar a mis abuelos paternos, lo hacíamos por la Sierra del Mar, una cadena de montañas que separa la llanura de la ciudad de Sao Paulo de las playas del litoral paulista, pasando por la Selva (Mata) Atlántica.

Una carretera, estrecha, llena de curvas y túneles, acompaña todo el tiempo un paisaje que te quita el aliento por su magnitud y verdor: incontables valles y montañas hasta que tus ojos se pierden en el horizonte. Exceptuando el cielo, allí todo es verde; tonos y más tonos de un único color: el verde.

Árboles y palmeras de distintas alturas forman una masa que no te deja nunca vislumbrar el suelo.

Pequeñas cascadas recorren la floresta y terminan su recorrido en el arcén recubierto de musgo, donde mis ojos contaban los kilómetros del viaje.

Rara era la vez que pasábamos por allí y no había niebla. Es un sitio donde hay tanta humedad en el ambiente y la condensación del agua es tan intensa que, cuando serpenteas por las estrechas carreteras en medio de la selva, la bruma es inevitable. Por esa razón el ambiente siempre se hacía muy misterioso, casi sublime. Iba mirando por la ventana y, en mi inocencia, esperaba que en cualquier momento apareciera un hada a saludarme, porque la sensación que me trasmitía el ambiente era casi mágica.

Pero, al igual que el musgo que cubría el arcén, el pequeño talud donde acababa la floresta y empezaba la carretera siempre estaba cubierto por una explosión de colores fucsias y róseos. Era como un mar de flores que iba moldeando los bordes de la carretera, enmarcando la floresta y a aquel paisaje tan pintoresco.

Si alguna vez me lo hubieran permitido, me habría bajado allí mismo. Sin embargo, el coche siempre seguía su rumbo hacia la casa de los abuelos.

Mi suerte fue que esta planta de flores blancas, rosas, rojas y fucsias, que recibe el nombre popular de sinvergüenza (los brasileños somos muy imaginativos con los nombres populares de las plantas), es conocida así en Brasil por una sencilla razón, y es porque es una descarada. Porque nace donde le da la gana, se multiplica ferozmente en zonas de humedad y poca luz, creciendo a sus anchas. Por esa razón llegué a conocerla muy bien.

Mi abuela Rosa también la tenía en su jardín, pero no porque la hubiera plantado, sino porque la planta había elegido el jardín de mi abuela como su nuevo hogar.

Cuando llegábamos a casa de mis abuelos en la playa, después de los besos, los abrazos y alguna que otra broma de mi querido abuelo Amador, yo corría al jardín que había al fondo de la parcela. Era inevitable y me superaba el impulso.

Corría a ver los cambios de sus plantas, qué novedades había traído el tiempo y los cuidados que mis abuelos dispensaban a su preciado jardín.

Continuamente tenían plantas nuevas, y mi abuela siempre me las enseñaba orgullosa, contenta por poder compartir con su nieta el amor por la naturaleza y por los jardines, sabiendo que encontraba en mí la más profunda admiración. Admiración por su gran pasión por las plantas, por su forma de hacerlas crecer sanas mientras ellas le regalaban cada vez más flores y frutos.

La sinvergüenza no era su planta favorita, probablemente por su experiencia con las plantas. Ella cultivaba y conocía bien verdaderas joyas como las orquídeas, las musas y las alpinias, por eso creo que mi abuela consideraba la sinvergüenza una planta vulgar. Sin embargo, a mí me alucinaba, me encantaban sobre todo sus pequeñas bolsitas explosivas que, más adelante, aprendí que eran un depósito de semillas, su bestial mecanismo de colonización. Cuando estaban maduras se ponían hinchadas y transparentes, podías ver las semillas dentro y, nada más tocar las bolsitas, estas explotaban haciendo volar semillas en todas las direcciones. Me pasaba horas recorriendo las matas en busca de sus cápsulas; localizar las maduras y hacerlas estallar era como cuando encuentras el caramelo de fresa en una bolsa llena de caramelos de limón y naranja. O cuando das con una moneda de dos euros en una vieja hucha llena hasta arriba de monedas de diez y de veinte céntimos.

A veces cogía algunas que no estaban maduras del todo y las llevaba de vuelta en el viaje. No tenía más que darles un ligero apretón con el índice y el pulgar para que la cápsula explotara y las semillas salieran volando. Así intenté poblar mi jardín con ellas, debo decir que sin éxito porque necesitaban algo más de sombra. Hoy lo sé, pero el mío era un vergel donde solo había maleza, los árboles allí no existían. Crecían, pero enseguida las hojas se quemaban o se ponían amarillas.

Así aprendí, de la forma más dulce, que cada planta tiene su sitio preferido. Me costó un poco entender qué era lo que iba mal. Llegué a traer tierra del jardín de la casa de mis abuelos, hasta mojé las semillas de sinvergüenza con una botella de agua que traje de allí. Probé métodos más palpables, pero un día entendí que la causa de que no crecieran solo podía ser el exceso de sol. Al fin y al cabo siempre las veía debajo de árboles o a los pies de las montañas. No tenía ni idea de qué circunstancias eran las que les gustaban más; me imaginé incluso que era por el olor del mar, la brisa marina, que aquellas plantas echaban de menos tener cerca el océano o la bruma de la selva…

Porque ¿cómo podía ser que aquellas plantas no echaran de menos la selva?

Yo la añoro muchísimo cada día de mi vida, porque es parte intrínseca de lo que soy; así que qué decir de aquella planta que vivía a los pies de la selva, reverenciando su majestuosidad.

Porque cada planta y cada persona están hechas de aquello con lo que se han creado, con lo que se han hecho fuertes. Son aquello que las ha alimentado, los cuentos de su tierra, de su gente. Sus recuerdos familiares, las vivencias mágicas y cada nuevo descubrimiento. Sus paisajes, sus charcos de barro y el canto de sus pájaros.

Las sinvergüenzas están hechas de niebla, de humedad y sombra.

Yo estoy hecha de tierra, de selva y de flores.

Algunas personas están hechas de arena, sal y conchitas de mar, mientras otros son roca, nieve y pastizales. Somos aquello con lo que nos hemos inmunizado, con lo que hemos vivido en nuestra infancia. Porque entonces sabíamos apreciar con el alma la naturaleza que nos rodeaba, y ella nos nutría física y espiritualmente. Luego crecemos y ampliamos horizontes, en mayor o menor escala, pero el sitio al que hemos pertenecido cuando éramos niños siempre será parte de nosotros.

Hoy, la mayoría de las personas están hechas de hormigón, acero y tecnología y la naturaleza ya no importa. Es un grave error. Necesitamos la naturaleza no solo como fuente de alimento, medicinas o energía. Estar en constante contacto con ella es primordial para una óptima salud mental, para desarrollar la inteligencia y la creatividad. Para tomar conciencia de que somos parte de un todo.

Incluso los pueblos del desierto necesitan algún oasis.

Y aunque no existan selvas en España, sí que se pueden encontrar sinvergüenzas cultivadas en algunos invernaderos.

Si bien la mayor parte de las plantas necesitan las condiciones a las que están acostumbradas para crecer y florecer, muchas personas también encuentran dificultades en hacer que broten sus tiernas hojas cuando no se encuentran en el entorno adecuado.

Pero hay otras que, por más que les cueste, son capaces de desarrollarse, progresar y dar frutos en ambientes hostiles e inhóspitos, porque tienen esa resiliencia y empuje tan característicos que les hacen seguir luchando por su fuente de agua, luz y nutrientes.

Porque por más yermo que sea el terreno, creamos a nuestro alrededor una especie de invernáculo particular, donde nos rodeamos de lo que nos hace sentir vivos, ya sean amigos, el sol, niños o la familia, ya sea una fuente de agua, el trabajo, la aventura, tierra abonada, la playa o la montaña.

El bosque y los jardines.

Sobrevivencia. Supervivencia.

Plantas personificadas, personas plantificadas.

Exótica y
deliciosa

Arbusto tropical
perenne, con frutos
estrellados, muy jugosos
y un poco ácidos.

Muy
nutricional, aunque
mejor no consumir en
exceso. Rica en fibra
y vitamina C.

Averrhoa carambola

Carambola

(Averrhoa carambola)

«Ella que tiene preciosos rosales
en su jardín, tendrá preciosas rosas
en su corazón.»

DEAN SAMUEL HOLE

El tiempo pasó, llegó una nueva hermana.

En mi casa la jardinería se volvió una actividad prohibida. La tierra era considerada sucia y una fuente de gérmenes peligrosos para la pequeña recién llegada.

Mis experiencias con las plantas se resumían a mis encuentros con la abuela Rosa en algún fin de semana que nos íbamos a visitarla, o en las vacaciones de verano que mi hermana mayor y yo pasábamos con los abuelos en su casa en la playa.

La abuela también nos enseñó a jugar a las cartas, y ella y mi abuelo siempre nos estaban contando historias sobre su amada España, la cual habían dejado atrás hacía ya muchos años.

Me llenaba de orgullo tener abuelos que hubieran venido de tan lejos, trayendo consigo solamente a sus tres hijos y sus recuerdos, así como el absoluto valor que podía albergar dejar todo atrás.

Aprendí a amar su país natal antes siquiera de conocerlo, porque ella lo hacía y sabía cómo transmitirlo en cada historia que contaba con los ojos húmedos por las lágrimas de la nostalgia.

Cada vez me infundía más amor, curiosidad y admiración por las plantas. Me iba enseñando cómo cuidarlas, cómo mimarlas, cómo hacer que siempre te sonrieran en flores.

Siempre estaba preparando rincones para traer plantas nuevas.

Como más tarde puede averiguar, tener plantas en casa o en un jardín puede transformarse en un auténtico vicio. Te enamoras de esa euforia y bienestar que crean con su presencia en tu hogar y siempre estás buscando rincones para una nueva y diferente habitante que encuentras en un vivero, o en forma de esqueje de la maravillosa planta de un amigo, o de un regalo de alguien que te conoce bien. Si te descuidas acabas con plantas colgando del techo, en estanterías junto a los libros y en tu mesita de noche.

Mi abuela sufría de este «mal», que solía llamar *plantadicción*.

La calle donde vivía era de tierra y cuando por fin el Ayuntamiento decidió adoquinarla, mi abuela amablemente sobornó a los complacientes obreros. Probaron de la mano de una auténtica española su primera paella y tortilla de patatas. ¿El precio? Adoquines para su jardín.

Hizo unos parterres increíbles en el jardín con aquellos adoquines de granito. De esta forma también me enseñó lo excitante que podía ser crear jardines y no solo rellenarlos con plantas, sino también darles carácter y buscar la forma de que las plantas lucieran aún más.

Al fondo del jardín había un árbol de carambolas (*Averrhoa carambola*) de unos cuatro metros de altura, bastante bonito y ornamental, que siempre me había llamado mucho la atención por sus frutos de color amarillo que, cortados en rebanadas, parecían estrellas. Eran diferentes de todo, además de muy ricos, con una cáscara comestible y una pulpa jugosa y dulce, pero algo ácida, con mucha vitamina C y potasio.

Es un fruto que debe ser consumido con cautela ya que hacerlo en exceso puede tener efectos colaterales, sobre todo para personas con problemas renales.

Aparte, la planta tenía una curiosidad: la sensibilidad de cerrar suavemente sus grandes hojas verdes cuando meneabas su tronco o alguna rama, así como cuando anochecía.

Debajo del árbol había una especie de caja hecha con ladrillos llena de tierra y que olía muy mal. Allí, mi abuela depositaba cáscaras de huevo, restos de frutas, de comida y hojas secas de los árboles. Me explicó que si revolvía bien la tierra, lo mantenía húmedo, a la sombra y que si siempre aportaba restos orgánicos, aquello le serviría como abono a las plantas. Lo correcto sería decir que por aquel entonces utilizó la palabra vitamina. Me dijo que había vitaminas químicas, como la vitamina C que tomaba el abuelo cada día, pero que estas con el tiempo «estropeaban» el suelo. Me explicó también que daban resultado instantáneo, multiplicaban la cantidad de flores y las plantas crecían más rápido, pero que a cambio el suelo se volvía más soso y menos sano.

Dijo que la «compostadora» que tenía (la caja de obra que olía mal) le proporcionaba a las plantas sus vitaminas de forma mucho más sana porque ayudaba a recuperar el suelo. Esta reponía los microorganismos y las bacterias que las «vitaminas químicas» habían eliminado y que son necesarios en el suelo porque fragmentan la materia orgánica transformándola en los elementos básicos que las plantas necesitan.

Hoy sé que el compost orgánico es una excelente fuente de nitrógeno, fósforo y potasio. Elementos químicos los tres fundamentales para el desarrollo y la salud de las plantas. Pero su principal ventaja no es que funcione como un fertilizante orgánico, sino que mejora la estructura del suelo. Si este es demasiado arcilloso, por ejemplo, tiende a compactarse y si es muy arenoso no retiene el agua por mucho tiempo. El compost orgánico que añadía mi abuela al jardín corregía el suelo arenoso que tenía y que era típico de la zona costera donde vivía, ayudándole a retener mejor el agua, los nutrientes y las raíces de las plantas.

Si la tierra fuera arcillosa, el compost la mejoraría para evitar la compactación y un mal drenaje, permitiendo que las raíces de las plantas penetraran mejor en el suelo.

La mejor forma de aprovechar restos de poda o de la siega del césped, el exceso de hojas caídas en otoño, además de los restos orgánicos de la cocina, es transformándolo en abono orgánico.

En el mercado se pueden encontrar diversos modelos de cajas para hacer compost, pero también podemos construirla nosotros mismos. Se pueden utilizar palés o viejas cajas de madera para fabricarlas, y posteriormente ir añadiendo los restos vegetales del jardín, las ramitas, el césped cortado, las hojas secas, los desechos del huerto, la tierra vegetal, los restos animales, las cenizas de la chimenea, la harina de pescado, lombrices, etc.

Hay que ir humedeciendo la mezcla durante los veranos muy secos, para que se mantengan los procesos de fermentación y de descomposición realizados por microorganismos dentro de la compostadora. También es buena idea mantenerla alejada de las zonas de más uso en los jardines, ya que algunas veces pueden desprender mal olor, por ejemplo cuando empleamos restos de excrementos de animales herbívoros en la mezcla, estos son necesarios para el aporte de nitrógeno, pero también se pueden sustituir por abonos nitrogenados. Es importante airear la mezcla de vez en cuando para oxigenarla; puede conseguirse fácilmente moviéndola a menudo. Aunque la base del montón debe estar en contacto con el suelo para que se pueda permitir que entren lombrices, la parte de arriba debe estar tapada para evitar el encharcamiento por las lluvias.

Los beneficios del uso del compost orgánico en el jardín son muchísimos.

Mi abuela seguía haciendo su magia conmigo. Me tenía completamente hipnotizada por su destreza. Hacía que todo y cada gesto de sus manos parecieran tan naturales y espontáneos que cada vez más yo sentía que era así.

Mientras tiraba las cáscaras de la papaya y de los plátanos que nos había pelado para el desayuno e iba removiendo el suelo de la compostadora, me decía que si enriquecía el suelo de su jardín, sus plantas también mejorarían y que, como consecuencia, su vida y la de mi abuelo también serían más plenas.

No creo que lo dijera desde un aspecto medioambiental, lo cual por supuesto también sería cierto. Creo más bien que se refería básicamente a que las flores mejoraban su estado de ánimo. Que ellas eran las responsables de su actitud siempre positiva frente a los inconvenientes que nos presenta la vida, ya que le aportaban color, fragancias y movimiento a una vida cotidiana de jubilados, que de otra manera podría ser bastante monótona y agobiante.

Más tarde, cuando aprendí sobre suelos en la universidad no dejé de recordar estas explicaciones y sobrecogerme al descubrir cuánto conocimiento tenía mi abuela sin haber estudiado apenas.

Lo que pasa es que la pasión y el entusiasmo son como el compost orgánico para el ser humano. Recuperan las fuerzas y la energía de uno cuando todo va mal, cuando las cosas se ponen difíciles, fragmentando el miedo y la cobardía y transformándolos en combustible.

Pero, sobre todo, creo que lo que mi abuela sin saberlo, pero sí presintiéndolo, me estaba enseñando era cómo la *biofilia*, esa conexión innata con la naturaleza y otros seres vivos (según E. O. Wilson), ese amor y vínculo que podemos palpar los que conocemos la dependencia directa que existe entre todos los organismos vivos, cómo esa conexión tan intensa, le hacía sentir que su vida tenía más significado. Porque tener la oportunidad de ver cómo se desarrollaba algo que ella había sembrado y que había estado mimando día a día con agua, nutrientes y cariño la colmaba de energía y bienestar.

Planta herbácea anual, trepadora.
De cultivo ampliamente
extendido.
  Rápido crecimiento

No soporta
heladas

Frijoles poseen
alto contenido
de proteínas
y fibra.
Gran fuente de
minerales

Phaseolus vulgaris

Judías

(Phaseolus vulgaris)

«Siempre hay flores para el que desea verlas.»

HENRI MATISSE

C uando cumplí los nueve años, la casa con el «gran» terreno se nos hizo pequeña. Mi madre estaba embarazada de su cuarta hija y tuvimos que mudarnos a una casa más grande. Nuestro nuevo hogar también estaba bastante lejos de donde vivían mis primos, así que se acabaron las reuniones por las tardes, y tampoco íbamos ya a frecuentar el mismo colegio.

Otra gran pena fue que la casa tenía más espacio, pero ningún terreno, no había nada de jardín. Únicamente había un árbol en la acera que echaba unos racimos con bayas negras y azules muy oscuras (*Ligustrum lucidum*) con las cuales, posteriormente, haría experimentos que acabarían en nada. Aquel árbol no era exactamente de mis favoritos, en verdad lo consideraba monótono ya que su forma ni siquiera me permitía subir a sus ramas. También contábamos con una jardinera entre la fachada de la casa y la acera, la cual medía unos dos metros de largo por unos cuarenta centímetros de ancho pero ni siquiera crecían malas hierbas en ella. Me quedó claro que si quería seguir teniendo contacto con plantas iba a tener que buscarme la vida.

Así que lo primero que hice fue plantar en la jardinera de la entrada lo que encontré más a mano en la cocina: judías.

Ya habíamos hecho el experimento en el cole de plantar un par de judías en un vasito con un algodón mojado. Te dicen que hagas el ensayo pero nada más, ahí te lo dejan; los profesores no te explican qué es lo que tienes que hacer luego, ni dónde poner el vasito (si en una ventana o encima del fregadero), si mojarlo más, cuándo trasplantar el brote y, al final, ves cómo se muere pálida tu plantita de judías y te quedas con cara de tonto sin saber qué es lo que puede pasar en adelante con ella; te pierdes la mejor parte de su desarrollo. Pero me sirvió para aprender que las judías germinaban fácilmente, y pensé que si les daba un entorno más acogedor podrían crecer más y mejor. Aparte era lo único que tenía entre manos y ni lo dudé; las planté y las mojé bien con una botella de agua (sistema rudimentario pero de fácil acceso; mentalmente me hice un apunte de que tendría que hacerme con una regadera como las que tenía mi abuela).

Al cabo de unos días empecé a ver cómo germinaban las muchas judías que había sembrado en la pequeña jardinera. Las plantitas crecían a una velocidad estupenda. Se iban enredando sobre ellas mismas y tenían un verde precioso, nada que ver con los brotes pálidos y amarillentos del experimento del cole.

¡Las plantas necesitan sol, sí señor!

Luego salieron las flores y, a pesar de que no eran muy grandes, tenían una forma de lo más curiosa. Me recordaban a una señora del lejano Oeste con su sombrero de pionera, y en el momento en que aparecieron las vainas me quedé deslumbrada. Era fascinante ver cómo iban creciendo, rellenando su interior y ganando forma día a día. No tardé mucho en abrir una vaina porque la curiosidad podía conmigo. Los frijoles eran aún pequeñitos, blanquecinos y como las plantas tenían muchísimas vainas más, decidí esperar antes de abrir las siguientes.

Pasado un tiempo tenía tal cosecha de judías que ni siquiera sabía qué hacer con ellas, así que recogí la mayoría y me bajé andando a la charcutería de mi padre que estaba a unos dos kilómetros de distancia. Quería preguntarle si servirían para hacer un buen plato de comida. Quería sentirme importante y útil.

Durante el cuarto embarazo de mi madre, mi padre decidió dejar los mercados y estar más cerca de nosotras montando una tienda en el centro de la ciudad. Estaba bien tenerlo cerca, siempre podía ir a visitarlo dando agradables paseos, pero como el barrio era muy céntrico, no había muchas casas con jardines ni tampoco mucha vegetación. Eso me imposibilitaba seguir aprendiendo a base de observación; tuve que ir poco a poco creando nuevas rutas para poder seguir descubriendo nuevas plantas.

Cuando llegué allí, el dependiente de la tienda de mi padre, que era un aficionado a las plantas, me explicó, al mostrar mi cosecha tan orgullosamente, que aquellas plantas ya no volverían a dar frutos, que había plantas que una vez que florecían y fructificaban cumplían con su ciclo y se morían. Así que se había acabado la magia, al cosechar las judías ya no habría nada más que mirar al día siguiente en la jardinera. Me inundó la tristeza y la decepción, pero fue algo que duró muy poco, porque entendí que solo tenía que volver a sembrar, y esta es la auténtica alegría de un buen jardinero.

Entender el ciclo de las plantas es poseer un verdadero poder.

Descubrí que en la parte de atrás de la tienda había una puerta que daba a un pequeño patio, y que ese patio amurallado hacía de antesala a un jardín enorme, más precisamente una parcela muy grande de unos mil metros cuadrados y con unos cuantos arbolitos, arbustos y plantas. También tenía gallinas y patos, era un precioso vergel abandonado.

¡No podía estar más contenta! Ya tenía un sitio donde pasar las horas por las tardes con mis experimentos vegetales y mis descubrimientos. Al final de la calle había una tienda de mascotas y no pude resistirme a entrar a ver a los adorables cachorritos; para mi alegría descubrí que no solo era una tienda de mascotas, sino que también tenían semillas de frutas, verduras, hortalizas y de muchas flores ornamentales. Ya tenía munición de sobra para seguir dando alas a mi pasión.

Además, todo lo que no tenían disponible en la tienda me lo traían encantados. No tenían muchas clientas tan jóvenes y que estuvieran más interesadas en las semillas y en los abonos que en los cachorritos. Enseguida me trajeron una regadera preciosa para que pudiera mojar mis plantas más cómodamente, herramientas de jardinería, macetas y muchas otras cosas.

Ser jardinero autodidacta es algo espectacular y apasionante, porque te adiestra para la vida adulta. Te enseña que la mayoría de las veces todo va a salir mal, hasta que aprendas a hacer las cosas bien. También puede ser extremadamente frustrante, pero esto depende de la actitud con la que afrontas las tareas y la vida en general.

Es sencillo, si se te muere algo, vuelves a plantar en otras condiciones. Mojas más, mojas menos. Es una gran carrera de error y acierto en que casi siempre fallas. Pero cuando logras que la planta se desarrolle bien y te dé flores, ya puedes celebrarlo a lo grande.

Aparte de mi inexperiencia con la jardinería, y aun con todo mi atrevimiento, en la parcela de mi segunda aventura botánica pasaba algo raro. Todo lo que plantaba desaparecía nada más germinar y me costó bastante descubrir lo que ocurría. Resulta que las gallinas residentes no perdían el tiempo a la hora de llenarse los picos con mis plantitas. Tanto trabajo en labrar la tierra, esparcir las semillas, tanta ilusión y espera por verlas germinar... Pero yo siempre llegaba tarde, las gallinas madrugaban más.

Aparte, tenían su propia guarda armada: los gansos. Aquellos animales no eran nada amigables y eran muy decididos, unos auténticos matones. Me dejaron más de un moratón por haber sido tan ingenua de haber creído que podría coger alguno de sus polluelos.

No obstante, el patio trasero de la tienda de mi padre, el que hacía de antesala al vergel de los gansos perdonavidas, sí que me sirvió bastante para cultivar y tener plantas. Utilizaba como contenedores y macetas todo lo que podía y que mi padre ya no utilizaba en la tienda: cubos de plástico, barricas de aceitunas, hasta un viejo tambor de una lavadora que encontré por allí (era perfecto con sus pequeños agujeros que dejaban pasar el exceso de agua de lluvia). Como semilleros utilizaba cajas de madera de fruta y otras cosas.

Fue toda una experiencia de aprendizaje. Iba ganando práctica poco a poco para saber qué debería hacer cuando un día tuviera mi propio jardín.

Esa es la belleza de la vida, que cuando uno tiene las cosas claras y la mente resuelta, solo hay que prepararse, empaparse de lo que se ama. Aprender y cultivarse sin descanso. Preparando la tierra yerma de la que disponemos, añadiéndole el abono necesario que es el conocimiento, luego aireándola bien para que respire y puedan entrar ideas nuevas, enseguida hay que sembrar lo que queremos cosechar en el futuro y a continuación regar. Regar cada día, o siempre que el suelo se encuentre seco, porque las semillas necesitan estar constantemente húmedas para nacer.

Pero si la semilla se resiste en germinar, puede que sea porque esté en un periodo de *dormancia*, el cual hay que respetar. Es el caso de las semillas que necesitan pasar por meses de frío extremo antes de germinar, o de las que necesitan pasar por el estómago de algún animal o ave para que sus ácidos la ayuden en el proceso de germinación.

Sin embargo, la *dormancia* no deja de ser una restricción interna de la semilla y es algo que sucede para que su germinación ocurra solamente cuando existan condiciones favorables para el posterior desarrollo de la plántula. Existe una gran influencia de factores externos para mantener o romper esa *dormancia*, pero no deja de ser un fenómeno interno que busca asegurar la sobrevivencia de la planta y de la especie.

Lo que quiero decir con todo eso es que, muchas veces, aunque creamos que estamos totalmente preparados, resulta que no conseguimos avanzar hacia aquello que tanto queremos. Puede que sea porque los factores externos aún no son los favorables, es decir, que el momento aún no ha llegado, o que realmente haya un factor interno que nos impide progresar y, en ese caso, hay que ser conscientes de que solo depende de nosotros mismos hacer que algo por lo que llevamos mucho tiempo luchando suceda.

Exótica invasora
en climas cálidos.
Flores y frutos exquisitos.

La variedad
cultivada
no tiene
espinas

Cactus
de rápido
crecimiento

Originaria
de México

Opuntia ficus-indica

Cactus
(Opuntia ficus-indica)

«*Estudia la naturaleza, ama la naturaleza, quédate cerca de la naturaleza. Porque ella nunca te fallará.*»

Frank Lloyd Wright

*P*ronto nació nuestra hermana pequeña y nuestras vidas sufrieron un gran cambio.

Durante el parto, mi madre, una mujer joven de solamente treinta y un años que iba ya por su cuarta cesárea, sufrió complicaciones. Estuvo verdaderamente mal, a las puertas de la muerte. Pasó un par de meses entre la UVI y la habitación del hospital hasta que descubrieron qué le pasaba. Volvieron a operarla (la quinta cesárea) y luego pasó otros tantos meses más de recuperación en casa.

Durante ese periodo tan difícil, estuvimos atendidas por mi abuela materna y por sus hermanas, unas tías abuelas cincuentonas, muy jóvenes y cariñosas pero muy poco discretas. Sin importar si las escuchábamos o no, se hacían balances y se decidía quién se quedaría con nosotras cuando mi madre se muriera. Al final concluyeron que cada una se quedaría con una de nosotras, es decir, nos separarían.

Por fortuna, mi madre se recuperó y volvió a casa, cesando así todas esas conversaciones especulativas de mis tías sobre nosotras sin medir lo mal que nos lo estaban haciendo pasar.

La vida cambió para todos en casa, y mi hermana pequeña pagó el alto precio de ser para mi madre un recordatorio viviente de todo lo espantoso que había sufrido en el hospital los últimos meses. Podía llorar toda la noche, que nadie acudía a atenderla. Al principio lo entendí, ya que mi madre estaba recuperándose de una cirugía muy dolorosa y de un terrible infortunio. Luego pasaron los meses y ella seguía sin acudir a verla, lo sé porque compartíamos habitación las cuatro hermanas y porque cada noche me levantaba, acunaba a la pequeña y le cantaba canciones hasta que se quedara dormida. Puede que mi madre no llegara a crear el vínculo afectivo que dicen que una madre establece con su bebé recién nacido en los momentos siguientes al alumbramiento, o puede que la razón fuera otra, pero la verdad es que a todas nos dolía mucho aquella falta de cariño. Lo sentíamos en la propia piel.

El comportamiento de mi madre, que nunca fue exactamente afectuoso con nosotras, cambió a peor. Ya ni siquiera era amistosa o simpática, al revés, su hostilidad era latente. Era como si fuéramos inexistentes o meras intrusas en lo que ella llamaba «su segunda oportunidad».

Entre las cuatro estábamos muy unidas, y las hermanas mayores nos encargamos de cuidar de las pequeñas, eran nuestros bebés. El vínculo entre hermanas se fortaleció pero algo recóndito se rompió en todas, algo cambió de forma brusca y fue como si toda la inocencia de la infancia se desvaneciera de repente y para siempre. Los castigos e insultos que siempre nos aplicaba hasta aquel entonces dolían más por dentro que por fuera, ya que nos hacía sentir que no éramos amadas y, a pesar de que siempre intentara borrar esa idea de mi mente, al advertir la frialdad en el trato con la pequeña, que era apenas un bebé, aquello empezó a molestarme profundamente y a transformarse en una revolución interna.

Mientras, tenía el superpoder de la invisibilidad. Pero era válida para hacer todas las tareas domésticas, servía de niñera, iba a la compra y al mercado, lo que hiciera falta, allí estaba la espabilada, como «cariñosamente» me llamaba mi madre.

Sin embargo, el amor y el afecto nunca fueron el pago, todo lo contrario. Cuanto más hacía por ser buena parecía que más me detestaba. Podría haberme vuelto una niña problemática en muchos aspectos, sin embargo, me fui poco a poco encerrando en mí misma y en el mundo de las plantas, donde encontraba paz. Y por ellas, considero que he tenido suerte, porque las plantas me han dado algo en lo que creer, algo con lo que comprometerme y a lo que dedicar mi atención y respeto.

Con ellas aprendí que podía sobrevivir perfectamente sin atención o cariño, que había plantas que necesitan muchos cuidados y mimos, pero que había otras que podían desarrollarse sin casi nada. Ni suelo, ni apenas agua. Algunas crecían por las paredes en las juntas de los bloques de hormigón de los muros, o en las grietas del asfalto roto, sin nada más que luz y la humedad del aire.

Eran plantas como el cactus, que me enseñó a crear mecanismos de defensa a los ataques externos, y la importancia de saber almacenar la poca agua que recibía y conservarla ferozmente.

¿Cómo no sentirse inspirada por su capacidad de supervivencia?

A los doce años de edad, empecé a ayudar a mi padre en la tienda; me pasaba todas las tardes allí. Estar en casa no era algo que me atrajera mucho y como en aquella ciudad llovía a menudo, no siempre tenía la posibilidad de investigar los jardines de los alrededores. Así que empecé a ayudar como cajera; era una sensación muy amena ser de alguna utilidad y entretanto poder aprender un oficio.

Una de las tardes que volvía sola a casa desde la tienda, decidí cambiar un poco el camino. Me cansaba si tenía que hacer siempre el mismo recorrido y callejear por otros lugares del barrio siempre me traía alguna agradable sorpresa.

Pasaba por delante de un quiosco cuando vi expuesta una revista que en la portada tenía una flor de cactus grande y de color amarillo verdoso (*Opuntia ficus-indica*). El nombre de la revista era *Natureza* («naturaleza» en portugués).

En la portada, además de la flor, había también artículos de jardinería, paisajismo y huerto.

¡Qué maravilla! Solo me faltaba ponerme a dar saltitos en la calle, menudo descubrimiento.

¿Una revista que hablaba de los temas que tanto me gustaban? ¡Qué suerte la mía! Le pregunté al quiosquero si la podría guardar unos días antes de venderla para que me diera tiempo de reunir el dinero para comprarla. Ahorraría en la merienda del colegio y recolectaría entre las propinas que me daban los clientes de la tienda (en Brasil las revistas no son tan baratas como le gustaría a una niña de doce años). Y volví la semana siguiente a comprarla.

La leí enterita, como unas quince veces. Desde la contraportada hasta el tablón de anuncios del final. Pasé a guardar cada céntimo que podía para la siguiente edición, y cada mes, cuando la revista llegaba al quiosco, yo me rendía a su lectura como si no hubiera nada más en el mundo. Era una fuente muy fiable de información sobre el mundo vegetal, que por aquel entonces era la única a la cual podía yo acceder. Mis abuelas vivían lejos y aquella cantidad de información técnica era oro puro.

Cada mes la revista traía nuevas especies de plantas y variedades de flores, arbustos, árboles y palmeras. Formas de propagación, consejos de mantenimiento de jardines, cómo plantar a partir de semillas y cómo tener éxito con las plantas en general. Además, cada nueva edición traía consigo un sitio precioso del mundo. Sitios mágicos como Machu Picchu, Butchart Gardens, Bariloche, Cancún, París… Sitios donde dejarse llevar soñando con viajes y aventuras.

Traía también temas de preservación ambiental y ecología, sobre flora y fauna. En fin, todo un hallazgo que me abriría nuevos horizontes y que me inspiraba a seguir aprendiendo sobre la naturaleza y sobre el planeta. Me trajo la oportunidad de acotar un poco la curva de aprendizaje en jardinería y me ayudó a evitar muchos disgustos con las plantas.

Los meses en que no conseguía reunir el dinero para comprarla me quedaba destrozada.

La veía allí en el quiosco esperándome y yo sin poder tenerla, sin saber qué planta me estaría perdiendo conocer, que técnica de propagación o tipo de abono dejaría de aprender.

Era capaz de ser consciente de todos los momentos en que sentía que el conocimiento se me escapaba entre los dedos al no poder comprar una sencilla revista, una sensación que a día de hoy, para mucha gente, es difícil de comprender. Internet te brinda todo tipo de información, ya no hay nada que no se pueda aprender con un ordenador conectado a la red. Pero en 1993 no había muchas formas de adquirir conocimientos específicos sobre el mundo vegetal, y de una forma tan ricamente ilustrada por imágenes como era el caso de esa revista.

Para mí, que era un bicho raro entre los de mi edad por sentirme atraída por algo que para los demás jóvenes era tan banal y dispensable, aquella revista fue mucho más que un billete hacia mi destino.

Me hizo ver que el mundo podría ser tan grande como yo me propusiera que fuera. Que allí afuera había una cantidad espantosa de plantas por conocer y de las cuales aprender. Que mi barrio era muy pequeño para albergar todas las plantas e ideas que quería cultivar y todo lo que yo quería experimentar.

Me ayudó a aprender que a las plantas hay que admirarlas con humildad, porque su poder de adaptación y de conservación es inmenso y realmente aún muy poco conocido por nosotros. Cuando miras con atención, entiendes que muchas preocupaciones cotidianas pierden poder; las plantas, los animales, la naturaleza solo necesitan lo más básico.

Agua, luz, nutrientes y polinizadores.

Sobrevivencia del individuo y de la especie, todo lo superfluo sencillamente no importa.

Flores
azuladas
y muy
pequeñas
de
corta vida

Brácteas
de color
rosa

Bromelia
muy popular
Solo florece una
vez

Planta
epífita nativa
de Brasil y de
fácil cultivo

Aechmea fasciata

La bromelia

(Aechmea fasciata)

«No hay necesidad de agendas para aquello que está escrito
en nuestro corazón, porque no hay como olvidarse.
Lo que la memoria ama es eterno.»

RUBEM ALVES

Un día, cuando volvíamos de casa de los abuelos que vivían en la playa, mi padre cambió el camino de siempre por una ruta totalmente desconocida y que nos dejó intrigadas a todas.

De repente, salimos de la carretera principal, tomamos un acceso y entramos en una pista de tierra. El camino era bastante malo y estaba lleno de piedras enormes, las cuales íbamos esquivando a la par que avanzábamos por cada curva sinuosa. Los bordes de la senda se iban estrechando cada vez más, el coche recibía arañazos laterales hechos por las ramas de los árboles, palmeras y demás vegetación. La selva se cerraba sobre nosotros literalmente, ya que los árboles de ambos lados de la pista formaban una especie de túnel vegetal cuando sus ramas se tocaban a pocos metros por encima del coche.

Cruzábamos puntualmente pequeños arroyos y las ruedas del coche hacían el agua saltar. En esos puntos, teníamos que reducir muchísimo la velocidad y se descubría a lo lejos alguna que otra cascada. Se veía que íbamos por un camino más bien poco transitado.

Cuando mi padre aparcó el coche en un claro y nos dijo que bajáramos, todo lo que nos rodeaba era selva, verde y más verde hasta donde alcanzaba la vista, de tantos tonos que mis ojos no sabrían contarlos.

Cuando dejó de sonar la ventilación del coche, nos envolvió por breves momentos un silencio absoluto, que fue desapareciendo poco a poco a medida que iba dando lugar a los pequeños ruidos de la jungla. Primero los pájaros cantando, luego grillos, sapos, y algo que creí reconocer a lo lejos como monos, pero me parecía imposible y no le di mucho crédito a mi imaginación preadolescente, hasta que vi, estupefacta, cómo saltaban de un árbol a pocos metros de nosotros pequeños monos negros y grises, alejándose de la visita inesperada a su refugio.

Nos quedamos mirando a mi padre esperando ver cuál era el siguiente paso, en qué dirección debíamos ir, porque estábamos todas perdidas sin entender qué pasaba. Nos acercó a un pequeño sendero, donde no se podía andar bien debido a la maleza tan alta y cortante que había. Pero insistió en que le siguiéramos.

Empecé a presentir cuál era la sorpresa que nos quería dar mi padre por su expresión de alegría contenida. Nos miraba expectante a cada una de nosotras para disfrutar de nuestras reacciones, e inmediatamente, cuando vi el semblante de mi madre estuve segura de lo que tenía planeado, porque su expresión era bastante menos agradable que el de mi padre.

Entre toda la maleza y la selva se veía un tejado a unos metros de donde estábamos. A medida que nos acercábamos iba apareciendo una pequeña casa, curiosa con su forma de «A». La parte de abajo estaba construida en obra, pero arriba tenía asentada una cabaña con tejado de uralita; a mí me pareció la construcción más primorosamente graciosa que había visto hasta entonces.

Mi padre había comprado un terreno con una casita en medio de la selva a unos tres kilómetros de la playa. Todo el terreno era completamente salvaje. Contaba con relativamente pocos árboles para ser una parcela en medio de la floresta tropical y, más adelante, cuando tuve la oportunidad de adentrarme más profundamente, entendí por qué. La razón era que la parte de atrás era una gran y engañosa ciénaga, que aunque estuviera totalmente cubierta de vegetación, en el momento que intentabas meterte para investigar, te hundías en el agua.

Para mí aquello era un verdadero paraíso. Mis ojos no podían creer lo que estaban viendo.

Sin embargo, mi madre estaba histérica. Era verdad que ella siempre había querido una casa en la playa; la habíamos visto muchas veces torturar a mi padre insistiendo en que deberían buscar un refugio frente al mar. Pero aquel lugar estaba muy lejos de ser lo que soñaba ella.

¿Cómo podía mi padre haber comprado aquel desastre de casa sin consultarle? «¿Qué se supone que vamos a hacer aquí?», gritaba. «¡Habrá serpientes, arañas, murciélagos! La casa se parece más bien a una chabola, y no se puede andar bien sobre el terreno», decía desesperada. Pero mi padre ya había tomado una decisión y, a pesar de que mi madre siempre ganaba las discusiones, en este caso no hubo manera. Mi padre quería tener un sitio para que pasáramos las vacaciones en familia y que estuviera cerca de la casa de sus padres.

Como no me apetecía presenciar otra discusión más de las incontables que tenían, salí corriendo. Me arañé al meterme entre la maleza con prisas; tenía que aventurarme y descubrir mejor aquel pequeño edén, los rasguños valían la pena.

Oía las voces de mis padres discutiendo a lo lejos y mis dos hermanas pequeñas intentaban seguirme, pero eran más bajas que la hierba cortante y acabaron volviendo al coche. Mi madre tenía razón, había una cantidad incontable de arañas y a cada metro que avanzabas ibas atravesando telarañas que quedaban pegadas en la ropa y en el pelo. Algunas eran pequeñas y sin importancia, pero había otras que eran verdaderos monstruos para mi poca edad. Sin embargo, había también muchos tipos de plantas que yo no conocía y que nunca había visto; era impresionante ir avanzando por los matorrales y ver cómo surgían delante de mí aquellas bellezas tropicales.

La selva tiene algo sencillamente mágico. La primera vez que te adentras en un bosque tropical te sientes abrumado por la cantidad de información que recibes. Realmente no hay muchos colores llamativos, pues casi todo es verde, eso sí en infinidad de tonos, formas, texturas y alturas. También hay tonos marrones y el azul del cielo, que muy poco alcanzas a ver, ya que la vegetación es como una cúpula. Sin embargo, la selva te abruma por la cantidad de sensaciones que tu cuerpo llega a captar. Son olores muy intensos de vida y descomposición, ruidos atronadores de los cuales no eres capaz de averiguar el origen, una humedad opresiva pero al mismo tiempo refrescante.

La selva te abruma porque te hace sentir insuperablemente irreal, forastero y muy vivo. Te despierta, y de una forma muy penetrante, absolutamente todos tus sentidos.

Mi mente era un hervidero de ideas y sueños.

Tuve que retroceder al oír cómo me llamaban de vuelta a la realidad. Seguiríamos viaje de retorno a la capital, de regreso a una vida normal en una casa sin jardín, sin plantas y sin mucho amor, debo admitir. El viaje se hizo largo; en primer lugar hubo una discusión en la que una parte tachaba de locura haber adquirido una propiedad en una ubicación tan perdida de los ojos de Dios, y la otra defendía el derecho de una familia y unas hijas a estar y jugar en un entorno libre de violencia, polución y coches. Luego el debate se convirtió en un monólogo de quejas infinitas por los bichos y suciedad que habría allí, y al final hubo un silencio cortante. Y que ninguna de nosotras cuatro, las hijas, se atreviera a manifestar su opinión.

No obstante, yo tenía la mirada puesta en el infinito. Por una vez no me importaba estar metida en una discusión, había encontrado un lugar para abstraerme mentalmente. No sabía cuándo volveríamos allí, pero eso me daba tiempo para preparar mis planes de conquista del territorio salvaje que habíamos ganado y, como niña soñadora que era, tenía muchísimos planes.

Sabía que aquella selva, aquel bioma desconocido que se había vuelto un recuerdo muy tangible donde yo podía encontrar refugio, iba a ser uno de mis mayores tesoros.

Cuando finalmente volvimos a ir a la casa de la playa, fuimos en batallón. Mis padres necesitaban toda la ayuda posible para enfrentarse al territorio. Los exteriores de la vivienda eran selváticos y apenas podían verse las paredes de la casa, estaban totalmente cubiertas por la maleza, que era muy alta. Dentro, nadie podía imaginar cómo estaría de habitable ya que aún no habíamos entrado. Así que mis abuelos maternos vinieron con nosotros y también mis primos. Qué alegría poder vivir aventuras con ellos otra vez, desde que nos habíamos mudado del barrio era mucho más difícil. Era una sensación de alegría muy inocente, esa que te llena de entusiasmo por poder compartir al fin hazañas con buenos aliados.

Cuando se abrieron las puertas de la casa y se encendieron las luces, por un breve momento entendí el enojo de mi madre meses atrás, cuando supo que mi padre había comprado aquella casita. Lo primero que vimos fue cómo desde el final de la escalera que había al fondo del salón, algo pequeño y oscuro venía volando disparado y certero en nuestra dirección aterrizando directamente en los pelos de mi madre… Fue una escena de película con derecho a gritos de terror extremadamente cinematográficos. A nosotros, los más jóvenes, obviamente nos entró la risa y el pobre murciélago no tuvo muchas perspectivas de futuro una vez que mi abuelo pudo desenredarlo de la cabeza de mi madre. Así empezó su relación de amor y odio con aquella casa, que nos traería tantas alegrías como disgustos (a unos más que a otros).

Enseguida recorrimos toda la casa, ya que no era muy grande, y nos pusimos a ayudar con las tareas para dejarla lo más habitable posible. Desde luego ya había muchos habitantes de la clase de los arácnidos, e Insecta. Artrópodos por lo general. Es lo que pasa cuando una casa en medio de la selva se queda cerrada muchos meses, que la colonizan los lugareños autóctonos. Sin embargo, queríamos que estuviera un pelín más adecuada para nosotros, los homínidos de a pie, y a pesar de que estábamos de paso no teníamos intención de tener compañía rastrera mientras dormíamos.

En estos días aprendí a utilizar el rozón. Mi abuelo materno, que había pasado parte de su vida en las zonas más al norte y selváticas de Brasil, me enseñó cómo hacer desaparecer la maleza a base de fuerza y labia, y no es que fuera tarea fácil exactamente, pero él hacía que así lo pareciera. Me dejó «jugar» un poco con la herramienta, pero poco pude cortar, la verdad. Aquello me hizo pensar en la vida tan dura que habría llevado y en toda la gente que día tras día tenía que utilizar aquella herramienta para algunos cultivos, para desbrozar, o para abrir camino por la selva. Hoy tenemos herramientas mucho más modernas y fáciles de trabajar y nos olvidamos de la suerte que tenemos. Luego me enseñó a utilizar el machete, que en senderos más estrechos de la selva me vendría muy bien en un futuro.

Delante de la casa, al otro lado de la pista de tierra por donde llegábamos en coche, y como si se tratara de una frontera antes de adentrarse en la selva, serpenteaba un arroyo angosto y poco profundo; debía de llegarme a la cintura si me metía en la parte central y más honda. Realmente lo podías cruzar saltando si cogías carrerilla antes, pero entonces aterrizabas sobre matorrales muchas veces con espinos y, dependiendo de la carrerilla que cogías, el daño podía ser mayor o peor.

Así que con toda la ilusión del mundo hice mi primera incursión en la selva en busca de materiales que me pudieran servir para crear un puente. Machete en mano para abrir camino entre los matorrales, fui poco a poco adentrándome en la floresta justo delante de mi casa. Según avanzaba iba oyendo cada vez más lejos las voces que venían de la vivienda hasta que todo lo que se podía oír eran los ruidos típicos de una naturaleza en estado puro y —así también me sentía yo— indómita.

Insoportablemente feliz.

Era como si perteneciera a aquel sitio como jamás lo hubiera hecho a ningún otro.

Me sentía parte de aquello; tocaba los árboles húmedos revestidos por diversos tipos de plantas, musgo o helechos. Percibía el olor de las hojas que se aplastaban sobre mis pies, ese olor tan característico de los bosques tropicales y que despierta sensaciones únicas en quien se atreve a perderse en sus entrañas. También el olor a tierra, a hojas en descomposición, a vida que explota por todos los lados. Me quedé parada observando una bromelia

(*Aechmea fasciata*), una planta que aprendí a admirar en aquel entorno por su capacidad de recoger el agua de la lluvia en su interior, estaban por todos sitios: arriba de los árboles, en la base, sobre troncos en proceso de descomposición, y eran muchas las variedades y colores de las inflorescencias. Sin embargo, aquella era impresionante, con su inflorescencia de color rosa chicle y pequeñas florecillas color azulado casi lila que salían de entre las brácteas. Las hojas en roseta tenían un tono de verde grisáceo con manchas blancas, era toda una obra de arte. Apunté mentalmente que tendría que buscarle un sitio en mi futuro jardín.

Estaba tan fascinada por todo lo que me rodeaba que, cuando me di cuenta, estaba bastante lejos de mi punto de partida. Podría haber sido normal que me hubiera perdido, pero no fue difícil volver sobre mis propios pasos, ya que había ido dejando ramas y palos por todo el camino. Se notaba bastante que era una novata en introducirme en la selva.

Construir el puente fue toda una tarea, pero el resultado fue bastante satisfactorio y, a pesar de todo el trabajo de dos días para terminarlo, me resultó muy agradable poder construir algo así, tan inusual, con mis propias manos.

Sin embargo, cuando volvimos a la casa pasado un mes, el puente ya no estaba. Probablemente se lo había llevado una riada, ya que las lluvias torrenciales de la zona hacían que el nivel del agua subiera bastante, y esas tormentas eran muy frecuentes allí.

No obstante, no me molestó tanto perder mi construcción, ya que cada vez que íbamos a pasar unos días a la casa de la playa había algo nuevo que ver o que descubrir. Además, existían tantas entradas y caminos a la selva que casi prefería no tener que tomar siempre la misma ruta señalada por un puente. La vida tenía demasiadas opciones que ofrecer, ¿por qué, entonces, quedar limitada a caminos marcados, a una rutina o a convencionalismos?

Aventurarse por nuevos y desconocidos senderos puede ser la mejor forma de encontrar lo que buscas.

Planta rústica
que aguanta heladas
y exige pocos cuidados

Maracuyá

Espectaculares
flores perfumadas
durante el
verano y
el otoño.

Flor de la
pasión
y luego
fruta
de la pasión

Trepadora sarmentosa
que trepa por medio
de zarcillos que suelen
enmarañarse en todo
lo que tocan.

Originaria
de Brasil

Passiflora caerulea

Maracuyá
(Passiflora caerulea)

«Pensé que un hombre puede ser enemigo de otros hombres,
de otros momentos de otros hombres, pero no de un país:
no de luciérnagas, palabras, jardines, cursos de agua, ponientes.»

JORGE LUIS BORGES

Hay etapas en nuestra vida que cuando nos toca vivirlas, si no encontramos apoyo alguno, nos sentimos irrevocablemente solos, indefensos y desamparados. Buscamos comprender qué es lo que nos llevó a esa situación y, al no encontrar respuestas, pensamos que la vida es injusta, muchas veces sin entender cuál es el porqué de tales infortunios.

Es como algunos capítulos de un libro que, en un principio, parece que no encajan, y los lees pensando que estarían mucho mejor y perfectamente definidos si no hubieran sido escritos.

Este es uno de ellos.

Un capítulo que no luce por sus palabras bonitas, más bien reprocha, sangra. Es un capítulo que me cuesta escribir, es una parte de la historia que preferiría que no hubiera existido. Pero es verdad que es parte de lo que soy, y sin este capítulo tal vez la historia hubiera tomado otro curso, porque esta parte de mi relato tiene un peso inmenso entre todos los contratiempos y adversidades que me ayudaron a forjarme como la persona que soy. Esta parte de mi vida creó una necesidad urgente de que fuera un individuo más resistente; me ayudó a desvelar fuerzas que no conocía y produjo una metamorfosis importante en mí. Me hizo más tenaz y me obligó a buscar el modo de transformar las cosas que no me parecían correctas. Me forzó a ser una persona que no esperara a que las cosas cambien, sino a ser la que impusiera el cambio que deseaba que ocurriera.

Fue una etapa que originó en mí una fuerza inmarcesible y que posiblemente sigue siendo mi combustible hasta el día de hoy.

A mis hermanas y a mí nos correspondió una vez más mudarnos de barrio. Mi madre estaba cansada de vivir en una casa, quería irse a un piso, porque en principio, al no tener garaje y patios, sería más fácil mantenerlo ordenado y limpio. La mujer siempre ha estado muy obsesionada con el orden y con la limpieza. No le convencía nada tener asistentas que la ayudasen con las tareas, ya que era muy exigente y nadie era capaz de hacer las cosas como prefería. Además, decía que para eso tenía cuatro hijas y que nos tocaba ayudar, nos gustara o no.

Nos mudamos a un piso de cinco habitaciones en un barrio bastante alejado del centro de la ciudad, donde ya casi no había casas. Todo eran edificios y los jardines no abundaban exactamente. Por aquel entonces yo no lo sabía, pero empezaba una época muy turbulenta en mi vida.

Los constantes cambios de colegio, la religión de mis padres, las reglas en casa, la falta de libertad, todo eso suponía alteraciones demasiado drásticas. Cuando esto lo sumas a la adolescencia puedes estar forjando un verdadero revolucionario. Un indómito en ciernes.

Por distintas conjeturas, mis padres siempre nos estaban cambiando de colegio, y por esa razón éramos constantemente las nuevas, y lo nuevo no siempre es bien recibido. Si a eso le añades los prejuicios religiosos generados por el miedo a lo que se es desconocido y ajeno a las propias costumbres, puedes esperar un comportamiento lamentable. Los niños y los adolescentes pueden ser realmente crueles a la hora de acosar y humillar a los demás.

Es algo bochornoso que cualquier persona tenga que pasar por experiencias así.

Ser insultado porque tienes el pelo demasiado largo, o porque vas siempre vestido con faldas, nunca con pantalones (en este caso específico no era por opción propia, sino porque la religión de mis padres nos obligaba), cuando tus creencias religiosas o simplemente tu forma de vestir son motivos para que te hagan sentir como una mota de polvo tan insignificante que preferirías ser invisible, entonces es que hay algo muy equivocado en las personas. Algo ha fallado en su educación o se ha extraviado de su alma, y mis hermanas y yo teníamos unos cuantos verdugos muy despiadados.

Fueron muchos los años en que tuvimos que aprender a convivir con este tipo de maltrato psicológico y social, en aprender a aceptar que los amigos iban a ser escasos, ya que pocos se atrevían a juntarse con las parias de la clase. A pesar de que mi hermana mayor lo llevaba un poco mejor, era más valiente y pasaba de todo, aprendimos desde muy pronto, y algunas veces a fuerza de golpes, que las personas pueden ser demasiado ruines y cobardes.

Sacábamos muy buenas notas y éramos excelentes estudiantes. Sin embargo, solía ser poco corriente que nos apeteciera ir a las clases, aun así lo hacíamos, no nos quedaba otra opción. Pero era tal la animadversión que generábamos en los compañeros de clase que, en una ocasión incluso nos esperaron fuera del colegio con palos y nos amenazaron de que no volviéramos nunca a aquel sitio o nos romperían las piernas y tal vez algo más. No les hizo falta cumplir la amenaza, pero desde luego mi corazón se fragmentó en tantas partes que hasta el día de hoy creo que sigue faltando alguna.

No nos quedó otra alternativa que buscar otro colegio, otro cambio a mediados del semestre escolar, tendríamos que ser las extrañas una vez más, en algún nuevo espectáculo.

¿Por qué? Pues hasta el día de hoy aún no me lo explico, pero imagino que por pura discriminación. Brasil es un país considerablemente religioso y por aquella época reinaba el catolicismo como religión casi obligatoria. Si elegías otro credo a seguir, más te valía que fuese uno muy muy discreto. La fe de mis padres no lo era. Para los hombres no había demasiado contraste, pero las mujeres sufríamos una verdadera disonancia con el entorno. Estaba prohibido cortarse el pelo, debíamos llevarlo siempre largo, muy largo. Tampoco estaban permitidos los pendientes o el maquillaje, y de escotes o vaqueros ni hablar, las faldas eran obligatorias y preferiblemente hasta los tobillos. Nos faltaba únicamente vestir la cofia amish, porque en todo lo demás nos parecíamos bastante. Cualquier demostración de vanidad estaba totalmente prohibida, así que éramos raras y feas, bueno, «mal arregladas». No éramos exactamente las favoritas en ningún sitio adonde íbamos.

La cantidad de humillaciones y vejaciones que sufríamos en el colegio y también en la calle hizo que mi amor propio acabara por los suelos. Es muy difícil sentirse persona cuando todos a tu alrededor te dicen que no lo eres. Te humillan con apodos e improperios hasta que ya ni te miras en el espejo, porque no quieres ver la expresión de un fracasado observándote tan fijamente. No quieres darte cuenta de que ese fracasado que te mira va a tener que saborear una y otra vez ese amargor en la boca, esperando que haya suerte y se olviden de ti unos días. Levantar la cabeza y mirar adelante es casi insoportable, porque cada vez que te atreves a respirar hondo y hacerlo, te golpean por atreverte a mirar otra cosa que no sea tus propios pies.

Es algo angustioso y sobre todo muy triste.

Al principio yo abracé la religión que mis padres seguían y aún siguen. Era lo que me daban por bueno, lo que me enseñaban como el único camino a seguir. El que no quisiera seguirles, entonces estaba condenado a pasar la eternidad ardiendo en el infierno. Es lo que suele pasar cuando eres joven, que sigues a tus padres en todo. Hasta que empiezas a ver las cosas desde otro punto de vista. Desde un ángulo más alejado del de ellos.

Según iba creciendo, observando el mundo y a las personas, presenciando maldades, y algunas verdaderas atrocidades incluso dentro de la comunidad de la iglesia, la hipocresía de aquellos que pregonaban empezó a molestarme. Sobre todo me parecía injusto que me dijeran que no podía estudiar, que eso no era lo más adecuado para una chica de la comunidad. No me hacía ninguna gracia que me dijeran que la universidad estaba prohibida. Decían que después del instituto debería casarme lo más pronto posible y formar una familia, que debería servir a esa familia y sobre todo a un esposo.

Siempre supe que cuando en mi vida llegara el momento de elegir una carrera universitaria habría un choque con la iglesia que frecuentábamos. Todo lo demás lo soportaba con resiliencia, con esa entereza que va más allá de la resistencia. Sin embargo, no me iban a obligar a quedarme en casa cocinando, fregando y planchando para un marido. Yo tenía otros planes para mi vida e iba a luchar con uñas y dientes por ellos.

Obviamente, cuando tu entorno es tan inhóspito e insalubre tienes que adaptarte, buscar cobijo en otras cosas, encontrar estímulo en tus pasiones.

Los jardines, las plantas, mi selva en la playa, todo aquello se transformó en algo que necesitaba tanto como el oxígeno que respiraba. Era una cuestión de supervivencia encontrar amparo y refugio en la naturaleza.

Al lado de casa había un solar vacío y por la valla trepaba una enredadera muy curiosa. No había visto sus flores aún pero me llamó la atención la forma que tenía aquella planta de fijarse al alambrado. Se enroscaba con una parte de la planta, una pequeña ramita voluble y sin hojas, y era imposible sacar esa fijación sin dañar todo el conjunto. También me gustó mucho el formato de las hojas palmadas, como una mano abierta y de un verde intenso y brillante.

Cada mañana, de camino al colegio me fijaba en ella. Me paraba unos breves momentos para admirarla y apuntar mentalmente los cambios que iba presentando a una destacada velocidad.

Hasta que un día noté que había algo distinto a lo habitual, tenía una morfología diferente a las hojas y al mecanismo de fijación llamado zarcillo. Intuí que lo que estaba preparando era una flor, que aquello era un capullo rellenándose desde su interior. Se estaba arreglando antes de salir a lucirse y, como pasaba por delante todos los días en dirección a mi dosis de sufrimiento diario, probablemente la iba poder vislumbrar.

Se me hizo larga la espera. Por primera vez ansiaba el momento de salir de casa por la mañana para ir al colegio. Para muchas personas esa espera puede resultar patética, y tal vez no lleguen jamás a entender cómo alguien puede encontrar consuelo en una planta. Lo que sucede es que cuando sufres acoso escolar y sobre todo un acoso tan agresivo como el que sufría cada día, cualquier pequeño bálsamo que alivie ese pesar es algo inefable. Acompañar el desarrollo de una planta que nace salvaje en una parcela abandonada a su suerte, con tanta destreza y magnitud, es sin duda una experiencia alentadora y de mucha trascendencia. Su resistencia, su necesidad de florecer y fructificar para poder seguir existiendo como especie, me suscitaba hacer lo mismo.

En terrenos con tanta mala hierba es difícil para muchas plantas sobrevivir, ya que las que tienen un crecimiento acelerado suelen propagarse y extenderse de forma exponencial, consumiendo mayor cantidad de agua y nutrientes y sofocando a las que son más delicadas. Si aquella planta hubiera intentado desarrollarse en el suelo, probablemente no hubiera llegado muy lejos. Pero ella buscó luz, buscó aire, buscó un soporte al que agarrarse y seguir luchando, aferrándose, para que nadie pudiera evitar que llegara a florecer y atraer a los polinizadores responsables de que un día diera sus frutos y semillas. Me enseñó una valiosa lección, me enseñó que cuando te quitan el sol, debes agarrarte con toda tu fuerza a aquello que sabes que te ayudará a crecer, llegar más alto y más lejos, y a no soltarlo por nada del mundo.

La espera por fin llegó a su fin un par de días después, cuando tuve el deleite de contemplar uno de los más grandes prodigios de la naturaleza que había visto hasta entonces. No llegaba a entender cómo podía existir una flor con tales características. Era tal la cantidad de información, que mi poco conocimiento de las plantas y flores por aquel entonces no alcanzaría describir aquello. Una flor tan compleja, con cinco sépalos y pétalos muy parecidos en forma y aspecto de un color blanquecino, coronados por unos filamentos de un azul intenso y llamativo. Estambres de un verde pálido y unos estigmas de los más curiosos.

Hice el ademán de coger una flor, pero no tuve el valor. Hasta que no produjo unas cuantas más no fui capaz de cosechar ninguna para llevársela a mi abuela. Quería que me dijera el nombre de la planta y que me contara un poco más sobre ella. Cuando finalmente fui a verla con la flor ya un poco mustia, mi abuela me ofreció un poco de zumo de maracuyá que no pude rechazar y me explicó que aquella flor daba origen al fruto que tanto me gustaba, con ese sabor tan ácido y de propiedades tan tranquilizantes *(Passiflora caerulea)*. Aparte me contó que la flor también se conocía como flor de la pasión, y me explicó el porqué. Dijo que para muchos la flor simbolizaba la pasión o el sufrimiento de Jesús Cristo; el gran número de estambres representaban la cantidad de heridas en su cuerpo, y la cantidad de estigmas representaban los clavos que utilizaron para fijarlo en la cruz.

Desde luego no tuve la imaginación necesaria para verla tal como decía que la veían muchas personas, lo único que distinguía yo era lo increíblemente compuesta y compleja que era aquella flor. Estuve mucho tiempo dándole vueltas a cómo era posible que se formaran aquellas estructuras dentro de un capullo. Decidí que la botánica sería probablemente una de mis opciones cuando fuera a elegir una carrera universitaria. Eran demasiados los misterios de la naturaleza que quería conocer, entender y admirar.

El acoso escolar siguió durante mucho tiempo todavía. Pero poco a poco fui desarrollando la capacidad de ver más adelante. Fui notando cómo se formaba dentro de mí algo que aquellas personas tan ruines no podían tocar. La conciencia de una dimensión que no estaba a su alcance, la conciencia de saber que lo que les hacía tan crueles, tan mezquinos era estar demasiado arraigados al suelo, tan cortos, superficiales y baladíes. El hecho de tener una mente demasiado pequeña, demasiado cerrada, les impedía ver más allá de sus inseguridades. Poco a poco fui entendiendo que en las mentes cerradas solo hay una puerta por donde entrar y salir.

Pero lo esencial es que sabía que la mía tenía muchas puertas e incontables ventanas, además de un sempiterno jardín, al que iba sin prisa pero sin pausa, añadiendo inconmensurables tesoros.

Orquídea
De tamaño
mediano
Hábito epifita
Pseudobulbos
ligeramente
Hinchados

Deslumbrante....
me hipnotiza,
me fascina

Florece desde
otoño hasta
primavera
en una
inflorescencia
erecta
terminal con
una a seis
preciosas
flores
fragantes

Original
de Brasil,
vive cerca de
arroyos o de la
costa del
mar

Mata Atlántica
bonito hogar de
estos tesoros

Cattleya Forbesii

La orquídea

(Cattleya forbesii)

«*Todos los niños deberían tener pasteles de barro, saltamontes, insectos acuáticos, renacuajos, ranas, tortugas, bayas de sauco, fresas silvestres, bellotas, castañas, árboles para trepar. Charcos para cruzar, lirios de agua, marmotas, murciélagos, abejas, mariposas, animales distintos a los domésticos, praderas, piñas, rocas, arena para dar brincos, serpientes, arándanos y avispones, y cualquier niño que haya sido privado de esto, ha sido privado de la mejor parte de la educación.*»

LUTHER BURBANK

*B*uscaba orquídeas. Las conocí allí, en aquella selva.

Siempre me metía entre los árboles en busca de nuevas plantas, pero nunca me imaginé que iba a descubrir otro mundo.

Al principio miraba siempre hacia delante, y muchas muchas veces incluso me metía descalza por los senderos del bosque tropical, ya que solíamos jugar al fútbol en un enorme claro de tierra arenosa que había por allí. Siempre jugábamos todos descalzos, era mucho más divertido, pero algunas veces la pelota volaba lejos, adentrándose en la jungla. Teníamos que ir a recogerla y no había tiempo para buscarse unas chanclas o zapatillas, el partido estaba en marcha y recuperar la pelota era primordial para seguir disfrutando de aquellos placenteros momentos familiares.

Probablemente, aún era demasiado joven y no había aprendido lo que era tener miedo. Sin embargo, esa época tan temeraria duró poco, ya que pronto la naturaleza me fue enseñando que debería respetarla y sobre todo temerla más. Pasó cuando me crucé con mi primera gran, terrorífica y peluda tarántula, así entendí la magnitud del entorno en que me encontraba y empecé a mirar más detenidamente por dónde andaba y qué tocaba.

Me atraía todo lo que veía a mi alrededor, pero el poder de seducción de la floresta sobre mí fue en aumento cuando me percaté de que si dejaba de mirar únicamente por donde andaba, si dejaba de mirar a mis titubeantes pies y me disponía a mirar hacia arriba, las recompensas podían ser incontables. Simplemente mirando más lejos, a las ramas de los árboles más altos.

No fue una decisión consciente, fue algo que simplemente pasó un día al seguir con los ojos el torpe vuelo de una mariposa azul gigante, endémica de la zona *(Morpho anaxibia)*. Esta mariposa siempre te sorprende al aparecer de repente delante de ti, volando muy bajo y muy despacio debido a su gran tamaño (algunas llegan a medir como un palmo), que pienso que la hace menos ágil. Sin embargo y a pesar de su torpeza, su vuelo está lleno de gracia y el color de sus alas no deja a nadie indiferente, no tiene manchas o mezclas. Las alas reflejan un azul brillante muy puro, con un fino e intenso borde negro que enmarca su poderosa belleza. Cuando te cruzas con una por el camino es inevitable pararte y seguir con la mirada su sosegado baile hasta que desaparece entre los árboles.

Así fue como la mariposa me condujo a avistar a lo lejos algo de un color amarillo intenso que destacaba muchísimo del verde de la vegetación. En aquellos momentos únicos que precedían al descubrimiento de una planta desconocida para mí, cualquier miedo a las arañas y serpientes que pudiera albergar se quedaba en el olvido, ya que la vista siempre estaba puesta en lo más alto de la selva. Aprendí a adiestrar mis ojos para que explorasen mejor la parte superior de los árboles que iba encontrando.

La primera planta que avisté estaba en una rama medio podrida de un árbol muy alto. Era una orquídea de flores diminutas amarillas, de un tono muy vivo y con manchitas marrones, con hojas estrechas y alargadas. Produce tal profusión de florecillas que en Brasil a esta orquídea se la conoce como «lluvia de oro» *(Oncidium sphacelatum)*. Al descubrirla cambió por completo mi forma de ver la jungla; aquellos tesoros me obsesionaban, pasaba horas y horas buscando orquídeas. Algunas eran imposibles de alcanzar, pero para mí el simple hecho de poder verlas era como si contemplara piedras preciosas.

A un par de kilómetros de nuestra casa, había un río no muy ancho ni muy profundo al que llamábamos cariñosamente el «río negro». Lo llamábamos así porque tenía el agua translúcida pero muy oscura, de un color parecido al del té. Nos encantaba ir a pescar o simplemente pasear por allí, porque era una zona donde se palpaba lo salvaje del entorno. Alguna parte de las orillas del camino que llevaba al río eran como de arena del mar y siempre estaban llenas de huellas de animales de distintos tipos y tamaños. Una vez que te adentrabas en el río casi no veías el cielo, porque la vegetación era muy densa y se unía por encima de este unos seis metros más arriba. Pero lo más interesante, aparte del agua oscura, era que el fondo estaba formado por un lodo totalmente blanco, el cual sacábamos del interior del río y nos tirábamos los unos a los otros. La primera vez que vimos este río nos dio un poco de respeto meternos en el agua, pero mi abuelo nos aseguró que el agua era buena, potable e incluso medicinal, ya que ayudaba a disminuir los síntomas del reumatismo, la artrosis y la artritis. Y mi abuelo sabía mucho de estas cosas, la verdad es que sabía mucho de diversas cosas.

Una de las veces que estábamos por allí, y aprovechando que no estaban los adultos que nunca nos dejaban inspeccionar el otro lado del río, decidimos meternos por la otra orilla a investigar. Cerca de casa la selva era abundante, pero en aquel costado del río era considerablemente más exuberante y colmada.

Nos costaba un poco avanzar entre la vegetación, hasta que llegamos a una especie de claro, algo difícil de encontrar en la aquella selva. Este pequeño claro estaba presidido por un magnífico acajú *(Anacardium occidentale),* era inmenso, tenía por lo menos cinco metros de altura, y una copa de un diámetro tan imponente que presidia todo el espacio a su alrededor. Cuando nuestros ojos avistaron que estaba cargado de frutos anaranjados y suculentos no vacilamos ni un instante más y nos pusimos a trepar por sus ramas buscando alcanzarlos y darnos un buen festín con aquellas jugosas delicias. El pseudofruto se aprovecha muchas veces para preparar zumos, ricos en vitamina C, pero comerlo mientras estás colgando de los ramos de su árbol es toda una experiencia. En Brasil se utiliza mayormente la nuez del anacardo, que es el verdadero fruto de esta planta. Tiene la forma de un riñón y cuelga como si fuera una perilla en la base del fruto. Se comen una vez tostadas, bien tostadas. Tenía tal euforia y subidón por la experiencia gourmet azucarada que me estaba brindando que decidí probar la nuez.

Casi me caigo del árbol, tuve que bajar a tal velocidad que me llevé varios arañazos. Resulta que nadie me había contado que si muerdes la castaña del acajú antes de tostarla lo que vas a probar es un aceite vigorosamente cáustico, picante y que sabe a palabrotas, a los más vehementes improperios. Sin embargo, ni siquiera eres capaz de maldecir, porque te amarra la boca de tal manera que te saltan las lágrimas. Muchas horas tuvieron que pasar para que pudiera volver a sentirme el paladar otra vez.

Menudo escarmiento y aprendizaje. Las riquezas de aquella selva eran interminables.

Pero nada podía prepararme para el día en que encontré un oso perezoso *(Bradypus variegatus)*. Nada. Allí estaba en lo más alto de un guarumbo *(Cecropia obtusifolia)*, alimentándose de sus tiernas hojas más jóvenes. Me quedé muda, sin respiración. Con miedo de que cualquier movimiento más brusco que hiciera yo, pudiera asustarlo y obligarlo a huir. Pero no tardé mucho en darme cuenta de que su nombre le venía perfecto. Sus movimientos no podían ser más lentos y tranquilos.

Tenía que verlo más de cerca, y me subí a un árbol muy próximo. Allí estuve horas observándolo, con la esperanza de que en algún momento bajara, pero no bajó. Baja de los árboles solo una vez a la semana, más o menos, para «ir al baño». El resto del tiempo lo pasa encaramado a sus árboles favoritos, comiendo sus hojas o durmiendo. Tampoco creo que bajar le sea de mucha ventaja, ya que su forma de moverse es tan obtusa y pausada que me imagino que se transforma en una presa fácil en el suelo. Así que mis expectativas de tocarlo se vieron frustradas.

Con el paso de las horas y mucha resignación me bajé del árbol y volví a casa. La tristeza me consumía, sabía lo difícil que era ver a estos animales y me hubiera quedado muchísimo más tiempo observándolo, pero tenía que regresar a casa.

Por pura curiosidad, al día siguiente volví al rincón de la selva donde lo había visto. Esperaba solamente poder añorar aquel primoroso momento de soledad y de encuentro, y cuál fue mi sorpresa al ver que el oso perezoso se había movido unos árboles más adelante, probablemente agarrándose de uno en uno, y ahora estaba en un tronco más fuerte, que aguantaría mi peso.

Subí, trepando sin miedo pero despacio. No quería asustarlo, todo lo que quería era verlo muy de cerca, poder comprobar que era real y no una ilusión. Me quedé parada a su lado largo rato, dejándole acostumbrarse a mi presencia. Lo toqué. Me miraba con sus ojos tiernos. Fue un momento realmente inolvidable.

No quería irme. Oía cómo gritaban mi nombre buscándome, pero no quería contestar y perturbar aquel instante que sabía que no volvería a repetirse jamás. Aquel día fui una de las personas más felices del mundo.

Al día siguiente volví, pero el perezoso ya no estaba. Se había marchado.

Igualmente subí al árbol, en un ineficaz intento de revivir aquello. No estaba, pero me había dejado algo, un regalo. Había florecido una de las más exquisitas orquídeas que mis ojos de niña hubieran visto, y que me había pasado desapercibida al no tener las flores abiertas el día anterior (*Cattleya forbesii*). Algunas orquídeas tienen los capullos verdes y esta era una de ellas, se podía apreciar en los demás capullos por abrir, que se mimetizaban con el verde de la selva. Estaba allí, como si la hubiera plantado un elfo, con su magistral belleza, coronando el tronco lleno de helechos y musgo del árbol. Su flor no era de un color extremadamente llamativo, era más bien sutil y discreto, sin embargo tenía un buen tamaño, lo que la hacía perfecta.

¿Qué es lo que tienen las orquídeas que son capaces de ejercer tal fascinación sobre nosotros?

Mi abuela Encarnación sentía verdadero encanto por ellas y por eso fui a buscarla a casa para enseñarle lo que había encontrado y, claro, quería que me hablara más de ella. Cuando la vio se puso tan contenta… Me explicó que era una planta parásita y que se aprovechaba de las demás para sobrevivir. Entretanto, no tardé mucho en descubrir, a través de libros y de mi revista favorita sobre plantas, que las orquídeas, al igual que las bromelias, no son realmente plantas parásitas como mucha gente suele pensar. No son una de esas plantas que absorbe los nutrientes de su hospedero, y que incluso pueden llegar a matarlo.

En realidad son plantas epifitas, es decir, que la mayoría de las orquídeas utilizan las demás plantas como soporte para así conseguir más luz y humedad, la cual absorben del aire y de la lluvia a través de sus raíces aéreas, que son más bien raíces de fijación.

Qué momentos tan inolvidables pasé sobre las ramas de todos aquellos árboles.

Creo que fue por aquel entonces cuando empecé a entender la importancia que tienen en el ecosistema. Las riquezas que puedes encontrar cuando trepas por ellos, los palpas y los sientes. Cuando estas allí arriba o sentado bajo su copa y mantienes todos los sentidos alerta, escuchando el silencio de los momentos que anteceden un amanecer, o el estruendoso ruido de la selva durante el atardecer.

Son percepciones que tienen el poder de recordarte cuán vivo estás. De percibir y sobrellevar nuestra propia mortalidad de una forma trasparente y pura.

Solamente así, cuando conectas de verdad, puedes descubrir y sobre todo apreciar los elementos donde se esconde la belleza de lo que nos rodea.

Hipnotismo
euforia
belleza
sin comparaciones
Única.

Una planta
cargada
de simbología
Sus flores se
abren con el alba
y se cierran
con el atardecer

Nativa de
las orillas del
Nilo en Egipto
Adaptada a
muchos sitios
tropicales del
mundo. En
Brasil sus colores
son más claros y
suaves que la
planta original.

Nymphaea caerulea

El estanque de nenúfares
(Nymphaea caerulea)

«*Todo jardín empieza con una historia de amor, antes de que cualquier árbol sea plantado o un estanque construido, es necesario que ellos hayan nacido dentro del alma. Quien no planta el jardín en su interior, no planta jardines en el exterior y tampoco pasea por ellos.*»

RUBEM ALVES

Cuando terminamos de limpiar el terreno de la casita de la playa, descubrimos que una cuarta parte de los mil metros cuadrados que teníamos de parcela estaban anegados. Me puse a pasear por el terreno, metida en unas enormes botas de agua verde desgastadas que encontré por allí. Mis pies bailaban dentro, pero ellas me daban mucha confianza para pisar la tierra en la que me hundía según avanzaba. Mientras iba descubriendo cada centímetro por el que pasaba, observé que en algunas partes había como hoyos donde no se veía vegetación, apenas agua. Llevaba un palo en las manos que usaba muchas veces como apoyo y también para meterlo dentro de estas hondonadas, para poder así averiguar qué profundidad tenían y si servían de hábitat a algo más que renacuajos. Hacía unos cuantos días que no llovía por allí, y al revisarlos unos cuantos días más vi que el agua no bajaba de nivel. No hizo falta mucho más para que en mi interior empezaran a surgir varias preguntas que luego se transformaron en ideas. Empecé a soñar con un rincón de aquel terreno, en hacerlo mío, transformarlo en otra cosa, en un sitio que invitara a los demás a pararse y admirarlo.

Al volver a la ciudad pasaba horas intentando plasmar mis ideas en una hoja de papel. Cogí lápices de color y, con toda la ilusión que puede albergar un plan así, a mis catorce años hice lo que hoy entiendo que fue mi primer «proyecto de paisajismo». Aún lo conservo, es un plano muy básico y sencillo, pero bastante ilustrativo de un estanque con la forma de un riñón con algunas piedras grandes alrededor, un banco para sentarse, árboles y arbustos. En la parte central del estanque, donde la curva se cerraba hacia dentro, había como un pequeño montículo de tierra para que quien se sentara allí pudiera estar un poco más elevado que en las demás orillas del estanque. Era como un punto de convergencia del sitio.

Ya tenía el plano, la ubicación del rincón que quería crear y, lo mejor, tenía agua de sobra ya que esta brotaba del suelo. Solo me faltaban herramientas, mano de obra y el permiso de mi madre, que probablemente sería lo más difícil de conseguir.

Me dediqué a merodearla buscando el momento adecuado para hablarle del tema. Cuando finalmente surgió, en un día que ella estaba de muy buen humor, le conté lo que quería hacer en la parte trasera del terreno de la casa de la playa.

«Haz lo que quieras —me dijo muy tranquila y para mi gran sorpresa— o inténtalo, no creo que consigas hacer mucho en este sitio encharcado y lleno de serpientes. No te olvides de que no eres más que una niña».

Así fue como, a su manera, mi madre me animó. Mi esencia siempre ha sido rebelde, y basta con que me digan que no puedo hacer algo para que se convierta en una clara meta. Sentía ya una ilusión tremenda de ver el estanque tomar forma, pero después de obtener el permiso de la jefa y constatar sus claras dudas de mi éxito, la tarea se transformó en un objetivo latente.

Me puse enseguida a hacer una intensa campaña entre familiares para recaudar ayuda de brazos, lo que al principio me costó bastante. Los primos no querían saber nada de aquello, la explicación que me dieron fue que cuando veníamos a la caseta era para divertirse, no para trabajar. Me decepcioné al no conseguir su ayuda, pero les entendí, ya que en parte tenían razón. Cavar agujeros no estaba considerado como diversión exactamente, era más bien un trabajo mecánico y aburrido, lo que sucedía es que yo no pensaba así, aquello era lo más placentero que podía haber y no iba a rendirme fácilmente.

Cambié de coalición, pasé a hablar con los adultos y conseguí captar a dos voluntarios. Mi tío, una vez explicadas mis ideas, rápidamente se decidió a ayudarme, a él le encantaba pescar y le hacía mucha ilusión el tema del estanque. Dijo que nos traería algunos peces del río y que dejaría que se fueran multiplicando, para que dentro de un año pudiéramos pescar sentados en una de las orillas. Pablito, el ayudante de la tienda de mi padre y al que considerábamos prácticamente de la familia, también se apuntó, le encantaba empuñar la azada y trabajar la tierra. Solucionado el tema de los ayudantes y el de los «permisos», tocaba ponerse manos a la obra.

Mientras íbamos abriendo el agujero, aprovechábamos cada carretilla de tierra para rellenar desniveles en la parte más alejada de la parcela, allí donde yo quería empezar luego a hacer un pequeño jardín. La tierra que retirábamos de la hondonada era muy fértil pero pesaba bastante, ya que, según profundizábamos, estaba cada vez más húmeda.

Nos llevó casi un mes terminar de preparar el estanque, una de las razones era que trabajábamos únicamente los fines de semana, cuando podíamos acercarnos a Peruibe. La otra era que resultaba complicado avanzar, ya que cada semana cuando llegábamos teníamos que vaciar el estanque que se llenaba con el agua que emergía de forma natural del propio suelo antes de volver a empezar a excavar. Lo que también fue de gran provecho llegado el momento, porque no tuvimos que impermeabilizar el estanque y este siempre estaba rebosando agua limpia y cristalina.

Decorar los bordes fue algo que ocurrió sencillamente, visitaba la selva colindante y traía todas las plantas que me parecía que podían quedar bien. Pequeñas palmeras, cañas, bromelias, heliconias, helechos y muchas otras que ni siquiera había visto antes pero que se me antojaban preciosas. Teníamos plataneros en la parcela y cogí algunos retoños que nacían en las bases de la planta madre y los trasplanté a los márgenes del estanque.

Bajé al arroyo y en una parte donde el agua acostumbraba a estancarse, colecté nenúfares que había visto allí una vez y que me tenían hipnotizada por sus atractivos (*Nymphaea caerulea*). Desprendían un sutil aroma a champú y su combinación de colores era algo único, resplandeciente. Las hojas eran redondas y flotaban en el agua como una cometa ligada por un hilo a la base de la planta. Los pétalos de la redonda flor tenían forma de lanza y en su base lucían un suave color amarillo, gradualmente pasaban al blanco hasta llegar a las puntas que eran de un delicado lila azulado. Los estambre centrales eran más estrechos y de un color amarillo más fuerte, con la punta lila.

Lo más extraordinario era cómo los capullos únicamente se abrían una vez tocaban la superficie del agua, y tan solo lo hacían mientras hubiera luz, un poco antes del atardecer se cerraban y era como si la superficie del agua donde antes resplandecían escénicamente se apagase.

Era una planta con una composición exquisita y la necesitaba en mi vida. Cuando varias flores se abrían y te sentabas en la orilla del estanque podías notar en el aire su perfume. La sensación que te transmitían era de euforia, una embriaguez que de forma muy inusitada armonizaba con una tranquilidad cautivadora.

Realmente cabe la posibilidad de que hubiera querido construir el estanque solamente para poder tener a aquellos preciados nenúfares más cerca de mí. Poder ver cómo se multiplicaban y cómo iban reproduciendo flores con gentileza y una gracia absoluta era algo que hacía valer la pena todo el esfuerzo.

Desde luego fue un trabajo arduo y prolongado, pero cuando acabé no cabía en mí el contentamiento. Sentía verdadera satisfacción por el espacio tan acogedor que había creado. Era un rincón muy apetecible del jardín y era solo mío.

Muchas veces tenía el placer de compartir el sitio con la fauna local: mariposas y libélulas de todos los colores paseaban por allí al igual que varios tipos de pájaros que venían a beber y remojarse en el agua. Se posaban en las piedras de los bordes en días soleados. Uno de los pájaros más hermosos que he visto nunca lo conocí mientras reposaba en aquel rincón del jardín disfrutando del simple acto de observar mi entorno. El Tiesanque *(Ramphocelus bresilius)* es un pájaro de un color rojo sangre que ha dado origen a su nombre. Es muy llamativo, con el pico, las alas y la punta de la cola negras. Otra característica de este pájaro es una marca blanca que presenta en la base de la mandíbula y que solo el macho tiene. Su color destacaba muchísimo cuando lo avistabas en una vegetación tan verde, sin embargo, como esta especie presenta dimorfismo sexual, la hembra no es tan vistosa como el macho y tiene el plumaje de un color marrón más apagado. Formaban una pareja curiosa, debido a los colores tan dispares del plumaje, pero cada vez que veía uno mi corazón se aceleraba por la emoción; estaban tan dotados de hermosura que no parecían reales.

También venían a curiosear muchas zarigüeyas, ranas y enormes sapos, visitantes habituales aunque nocturnos.

Durante uno de los atardeceres en que estaba trabajando la tierra con una azada para poder plantar un joven jacarandá que había encontrado cerca de allí y que quería que fuera parte de mi jardín, vi como de repente una rana daba enormes saltos a toda velocidad y se arrojaba al estanque sin dudar. Pensé que tendría mucha sed o ganas de nadar, pero no tardé ni cinco segundos en comprender que las prisas de la pequeña rana se debían a que estaba siendo perseguida por una serpiente que se lanzó detrás de ella al estanque como una flecha disparada desde un arco muy tensado. Unos instantes después subió con la rana apresada y agonizante en la boca. Aquello me dejó helada, pensé en intervenir con azada y darle golpes a la serpiente para hacer que soltara la rana, pero me quedé paralizada un momento juzgando si tenía derecho a intervenir en el orden de las cosas. Si bien es verdad que lo hacía constantemente con las plantas de mi entorno al traerlas a mi jardín, aquello era distinto, ya que con las plantas lo único que hacía era moverlas algunos metros dentro del mismo bioma. Pero si me inmiscuía entre la serpiente y la rana quizá me estuviera entrometiendo en algo más poderoso y perdería el derecho a protestar si un día alguna, o incluso aquella misma serpiente, entrara dentro de casa para buscar comida. Así que me resigné a observar cómo la serpiente *(Philodryas olfersii)* volvía a adentrarse en la selva. Me fijé en el color tan verde que tenía y pensé que probablemente la hubiera podido confundir con la rama de un árbol si estuviera inmóvil en medio de las plantas. ¡Qué hermosa era la muy villana!

Aquel bullicio de los habitantes de la selva me hacía sentir parte del cosmos. Lo que yo había creado atraía vida silvestre y parecía que ellos me daban su aprobación, ¿cómo no sentirse plena cuando eres parte de algo tan valioso?

Con el paso de los años y la falta de mantenimiento que condenaba el sitio en mis constantes ausencias, poco a poco el rincón fue perdiendo la lucha al indomable y selvático entorno, que conquistó las fronteras del jardín, tomando lo que ya era suyo por derecho. Diversas plantas empezaron a crecer y dominar el espacio; esa es la ley de la naturaleza, la ley del más fuerte. Me gustó cómo iba tomando forma, cómo mi intervención se complementaba. Mientras el rincón se iba desarrollando según sus propias normas dejé de intervenir para dedicarme a otros que me quedaban de la parcela. Eran muchos metros, demasiadas plantas, y a pesar de mis enormes ganas de plantar en todo el terreno los hallazgos que iba encontrando en mis paseos por la selva, no era más que una adolescente.

Sin embargo, con aquella experiencia aprendí una valiosa lección: aprendí que para crear jardines, antes debes saber oír e interpretar la naturaleza y sus irrevocables reglas. Debes ser plántula, crecer y hacerte arbusto. Debes ser árbol y quedarte muy quieto, solo apreciando lo que pasa a tu alrededor. Debes ser agua y dejarte llevar por arroyos y cascadas.

Para crear un jardín y tener una vida que florece, antes debes entender que no hay premio sin sacrificio y que no hay encuentro sin búsqueda. Que eres partes del todo y que todo lo que haces sí cuenta.

Espectacular floración.
Una planta absolutamente exuberante

Brácteas de distintos colores durante casi todo el año.

Fácil cultivo.

Nativa de Brasil.

Arbusto perenne y leñoso, que se puede utilizar como planta trepadora, aunque solamente se apoya en las estructuras, no trepa.

Muita saudades.

Bougainvillea spectabilis

Primavera

(Bougainvillea spectabilis)

«Cada persona, en su existencia, puede tener dos actitudes:
construir o plantar. Los constructores un día terminan
aquello que estaban haciendo y entonces les invade el tedio.
Los que plantan a veces sufren con las tempestades
y las estaciones, pero el jardín jamás para de crecer.»

PAULO COELHO

En torno a mis quince años hubo que hacer una reforma en la casa de la playa. Se decidió que mi hermana mayor se casaría, y que la celebración se haría en un hipotético jardín que todavía no era más que una superficie anegada. Eran casi mil metros cuadrados de terreno que había que acondicionar para recibir a los futuros invitados. Además de eso, la casa necesitaba una reforma notable, lo correcto sería decir que requería una completa metamorfosis, ya que como se encontraba por aquel entonces no convenía recibir a nadie, era un auténtico desastre.

Antes de la reforma, la casa se constituía básicamente de un garaje para dos coches, una cocina y un salón, con el baño fuera en la planta baja. En la planta de arriba teníamos otro baño y dos espacios diáfanos donde dormíamos toda la familia en colchonetas extendidas sobre el suelo. Creo, sin dudar, que aquellos años de compartir las noches como si estuviéramos todos en una gran tienda de campaña fueron los mejores de nuestra vida familiar. Solíamos acomodarnos allí unas quince personas, pero nos costaba mucho dormir por la algazara que había. Mis abuelos no paraban de contar chistes, volaban zapatillas, almohadas y terminabas por rendirte agotado entre lágrimas de tanto reír.

Cuando por fin reinaba el silencio, a algunos nos entraba el temor por los ruidos de la selva que se incorporaban a la habitación de una forma alarmante. Me pasaba horas intentando separar, dividir cada sonido, reconocer qué animal podría ser el que lo originaba, sin éxito. Era tal alboroto que te preguntabas cómo era posible estar tan rodeada de animales y apenas verlos durante el día. Nos aterraban los ruidos que hacían los compañeros de piso que teníamos en el tejado, que solían entrar y salir durante toda la noche y que más tarde descubrimos que eran murciélagos. ¡Qué sobresaltos cuando algún animal más grande saltaba sobre el tejado produciendo un estruendo que despertaba a todos!

Poco a poco nos fuimos acostumbrando a los continuos sonidos que albergaba la noche fuera de la casa y poco a poco estos sonidos fueron incorporándose a cada uno de nosotros. Fueron formando parte de algo único y esencial. Aún los llevo muy presentes en mi fracción más indómita.

Cuando faltaban unos seis meses para la boda nos pusimos todos a trabajar, y con todos me refiero a los hombres de la familia, género al cual yo me unía gustosamente. Cada fin de semana de esos meses, mi padre, el abuelo, tíos y algún amigo más de la familia nos acercábamos a la casa para ocuparnos de su reforma. Levantar paredes, cablear, enfoscar, pintar, cocinar o hacer café… me daba absolutamente igual y me apuntaba a todo. Yo ayudaba con lo que hiciera falta para que, cuando llegara el momento, tampoco me faltaran ayudantes en lo que sería mi primera obra de jardinería oficial.

Empezamos las reformas en julio, es decir, durante el invierno en Brasil, y muchas veces teníamos que trabajar con una humedad exagerada que se metía hasta los huesos y te dejaba helado. Las botas de agua eran compañeras inseparables y había que tener mucho cuidado cada vez que las calzaba, ya que más de una araña solía buscar cobijo en su interior.

Era una buena cantidad de trabajo pero daba gusto participar. El ambiente era muy divertido ya que mi abuelo materno es un bromista nato y nos partíamos de risa con él, pero teníamos que tener mucho cuidado cuando le devolvíamos alguna broma, ya que se encrespaba mucho, era divertidísimo... Esporádicamente mis abuelos paternos venían a hacernos compañía, mi abuela cocinaba y nos mimaba con bollos y café caliente. Sin embargo, una de esas veces que vino, una broma que tenía preparada para mi abuelo Joao me salió mal.

Teníamos una serpiente de goma con un acabado muy realista y solíamos ponerla en los sitios más inesperados para asustar los unos a los otros. Estábamos en tierra de serpientes y constantemente nos cruzábamos con alguna tanto dentro como fuera de la casa y, para ser honesta, éramos un poco ruines, porque seguíamos con aquella broma a pesar de que alguna vez nos habíamos pegado un susto con serpientes de verdad. Al que le tocaba el último, recogía la serpiente y la guardaba hasta que se le ocurriera quién sería la próxima víctima y dónde le daría la sorpresa. Inconfesable, debo admitir.

Me había llevado un buen susto en la ducha con la serpiente el día anterior, y al abuelo Joao le tocaba cocinar ese día, así que se me ocurrió poner la serpiente dentro del armario de las cazuelas. Pero resulta que vino mi abuela por sorpresa y decidió hacer una de sus deliciosas tortillas de patata (la llamábamos tortilla española, porque estábamos en Brasil y la cocinera era una auténtica española). En fin, que cuando abrió el armario y empezó a buscar la sartén, ¡menudo susto! La mujer salió corriendo desfogada y cuando finalmente se tranquilizó un poco, buscó una de las hamacas colgadas en el garaje para sentarse. Pero allí habían preparado otra broma entre los hombres (esta vez yo no tuve nada que ver), la hamaca estaba medio suelta, así que nada más sentarse mi abuela se fue directamente al suelo. Afortunadamente, no se hizo daño, aparte de la herida en su orgullo. Sin embargo, no hace falta decir que ya no volvió a visitarnos mientras duró la obra...

Cuando se acabó la reforma interior, empezamos con la parte exterior de la vivienda. Ampliamos el porche, que antes era demasiado pequeño, y pasó a ser una franja que rodeaba toda la casa con techo de tejas de barro para que pudiéramos disfrutar del entorno también en días de lluvia.

Luego llegó el momento que había estado deseando desde el principio. Tocó trabajar en el terreno. Como iba a recibir muchos invitados, la idea general masculina fue nivelar la parcela trayendo los camiones de tierra que hiciera falta y luego plantar césped en tepes. Obviamente, a mí no me convencía, quería más plantas, arbustos, árboles y flores. Quería traer la selva al jardín, pero aquí me quedé sin voz ni voto. Para la ceremonia se iban a distribuir por toda la pradera las mesas de los invitados, y por eso decían que cuanto más espacio y menos obstáculos, mejor.

Me sentí, como mínimo, defraudada. Me estaban despojando de mi jardín, pensando en un único evento y sin pensar *a posteriori*.

Así fue como empecé a codearme con los hombres en un ambiente de obra y aprendí a llevarme bien con ellos. Habilidad que me vino muy bien en los años posteriores, cuando pasé a dedicarme profesionalmente a construir jardines. Fue crucial haber tenido la oportunidad de aprender cómo trabajar con el sexo masculino en un entorno exclusivamente suyo, ya que cuando eres mujer y compañera en las tareas, el ambiente de trabajo puede ser realmente campechano. Pero más tarde averiguaría que cuando eres la jefa, cuándo eres quien da las órdenes, en el momento en que tú eres quien dice cómo se deben hacer las cosas, todo cambia radicalmente.

Viendo mi desconsuelo, mi padre me permitió mantener sin césped la parte que rodeaba el estanque y una pequeña porción de unos veinte metros cuadrados delante de la casa. Me regaló algo de dinero y me envió con un amigo al gran mercado de plantas y flores de Sao Paulo; me dijo que lo pasara bien y que disfrutara del momento.

Según nos dirigíamos al mercado, el amigo de mi padre, me iba explicando que el entrepuesto del CEAGESP, con setecientos mil metros cuadrados, es la tercera central de abastecimiento de frutas, verduras, hortalizas y flores más grande del mundo y el más grande de América Latina. Su feria de flores es la más grande del país, pues reúne a más de mil productores de flores de todo el territorio nacional, que ofrecen a los clientes los más diversos tipos de plantas y flores.

Me decía que tenía que estar atenta y muy pegada a él, ya que nos íbamos a mover entre unas siete mil personas. Que teníamos que ser rápidos y organizados al visitar los más de mil puestos de flores, y que no me alejara ni en broma.

Esa era su descripción técnica de qué nos esperaba para intentar ponerme sobre aviso. Pero no hay nada que te pueda preparar para lo que sientes cuando te adentras un sitio como aquel. Es de tal magnitud que pocas palabras pueden describirlo. Fue algo vertiginoso.

Árboles, arbustos, enredaderas, vivaces, macetas, bandejas, semillas, bulbos, flor cortada, tierra, abonos, áridos y marmolinas, corteza de pino, todo en un único sitio. Tanta belleza reunida era algo sobrecogedor. Cada productor tenía su puesto con diversas variedades de plantas y distintos tamaños de las mismas y yo, conmovida y asombrada, no sabía dónde mirar ni mucho menos qué elegir.

Pienso que lo que sentí es lo que deben de sentir los niños cuando van a Disneylandia por primera vez, o cuando eres joven y vas a tu primer concierto de tu banda favorita. El bullicio de la gente, los ruidos, los perfumes de tantas plantas reunidas, tantos colores y texturas juntas.

¿Disfrutar? ¡Disfrutar del momento, había dicho mi padre!

¡Santo cielo! Sin la más mínima duda, creo que fue uno de los días más felices de toda mi vida. Ni siquiera podía imaginar que existían sitios como aquel. Gasté cada céntimo del dinero que me había dado mi padre, y su amigo me vio tan abrumada por no poder llevarme todo lo que veía, que al verme la mirada desconsolada me pagó alguna que otra planta más. La combi o furgoneta Volkswagen iba cargada hasta arriba con mis plantas. Nunca olvidaré la cara de asombro que puso mi padre cuando llegamos para descargar. Muchas de las plantas yo nunca las había visto antes, y menos aún conocía sus hábitos de crecimiento y necesidades, pero no me importaba ya que parte del plan era justamente conocerlas allí, en aquel jardín.

De todas las plantas que traía, mi favorita sin duda era una «primavera» *(Bougainvillea spectabilis),* que se conoce por sus flores tan llamativas de distintos colores, pero que en mi caso era una de un tono fucsia oscuro, extremamente vivo y llamativo. También la conocemos como una enredadera, pero en realidad es un arbusto que puede llegar a crecer hasta los diez metros, formando una masa muy densa de vegetación y que en época de floración puede ser una verdadera maravilla. Pero no se enreda ella sola, hay que ir apoyándola en algún soporte, aunque lo ideal es poder ir atándola. También debo decir que lo que conocemos por flores en realidad no lo son, ya que son hojas modificadas o brácteas. Las flores suelen surgir en grupos de tres y son blancas y diminutas, las encuentras casi escondidas entre las brácteas. Florece casi todo el año en sitios tropicales, donde no suele perder las hojas en invierno, al contrario de lo que le ocurre en sitios un poco más templados.

Una vez descargada la furgoneta, no perdí ni un solo segundo y me puse a plantar. La «primavera» ganó un sitio especial, en una de las columnas del portón de entrada de la casa. Hice un apaño con varillas de hierro curvadas que hacían la vez de pórtico a la entrada de la casa, y que cuando llegó el día de la boda también sirvió para decorar con flores.

Cuando terminé de plantar el pequeño jardín, los hombres también ya habían terminado de plantar el césped. El panorama era absolutamente fantástico. Lo que antes era una ciénaga con una caseta en medio, se había transformado en una pradera inmensa y perfecta con una espléndida casa, rodeada por amplios porches.

La visión de todos los hombres cansados y tremendamente sucios de tierra me hizo buscar un espejo porque presentí que mi aspecto no sería muy distinto. Quería ver mi estado y lo que encontré me hizo sonreír abiertamente, obligándome a tomar una decisión en aquel mismo momento. Tenía las manos tan sucias que incluso después de lavarlas muy bien las uñas seguían llenas de tierra; varias heridas dejaron de estar camufladas, la ropa probablemente ya no volvería a tener los colores originales nunca más, el pelo era una enmaraña de tierra, hojas y sudor.

Sin embargo, tenía los pómulos sonrosados por el duro trabajo y un brillo tan intenso en los ojos que me permitió vislumbrar claramente cuál sería a partir de ese día mi futuro: iba dedicarme a plantar jardines de por vida.

¿Cómo podría contentarme con hacer cualquier otra cosa después de haber probado tal plenitud de espíritu?

¿Cómo puede alguien contentarse cada día con hacer algo que no disfruta, que no le aporta nada, que no le hace sentirse completamente vivo? ¿Cómo puede una persona acomodarse en una situación que le hace infeliz y trabajar todos los días viendo un horizonte gris y amenazador sin apenas colores?

Está bien aceptar que en la vida hay etapas y fases por las que hay que pasar; está bien adaptarse a una situación que no nos gusta demasiado, siempre y cuando sepamos que es temporal. Es tolerable que nos dejemos engullir por una realidad que no nos hace sentir plenos, pero no podemos rendirnos, la vida es un suspiro y hay que tener claro que cada minuto cuenta y que cada respiración puede ser la última.

No creo en quimeras, creo en nunca desistir, ni dejarse abatir.

Creo en los sueños, pero solo en aquellos que hacemos realidad. Porque de otra forma la vida no tendría sentido.

Ornamental
como ninguna.

Inflorescencias
de larga duración
durante todo el
año en sitios
tropicales.

Una de las
flores favoritas
de los delicados
colibríes.

Le encanta la
humedad y la sombra
parcial, no tolerante
a las heladas
Conquista todo
a su alrededor.

Originaria
y de Malasia
y naturalizada
mundialmente

Pariente
del jengibre

Alpinia purpurata

Jengibre rojo
(Alpinia purpurata)

«Cuando frecuentaba el bosque de pequeña, me decían que una serpiente
podría picarme, que podría coger una flor venenosa o que los duendes
me podrían raptar, pero continué yendo y no encontré sino ángeles,
mucho más tímidos ante mí de lo que yo pudiera sentirme ante ellos.»

EMILY DICKINSON

Hace muy poco aprendí una palabra cuya existencia desconocía completamente. Una palabra que ni siquiera me imaginaba que existía, pero que describe uno de los fenómenos de la naturaleza que más me arrebata. «Aroma de tierra mojada» es como siempre lo he llamado y resulta que ya tenía un nombre: *petricor*.

Es sin duda una palabra hosca, tal vez demasiado dura y que, en mi opinión, no le hace justicia a la sensación que experimentas cuando, después de una tarde de sol, el agua de la lluvia empieza a mojar la tierra seca produciendo ese olor único; la más pura esencia de la tierra. Persiste unos frágiles instantes pero te irrumpe hasta la médula, trasmitiéndote una sensación de plenitud, de auténtica fortuna. Sí, fortuna es lo que siento cuando percibo este perfume de pura vida cerca de donde me encuentro, porque me hace disfrutar como una niña durante el tiempo que duran esos preciados instantes.

Sería normal que si vives en un sitio donde llueve constantemente llegues a detestar la lluvia. También puedes adaptarte a ella, acostumbrarte a llevar siempre contigo un paraguas y a estar con los zapatos mojados muy a menudo. Sin embargo, en mi caso no es así. La lluvia es un fenómeno de la naturaleza que me atrae especialmente. Para mí, no hay mejor forma de dormir que cuando la lluvia cae sobre el tejado y te acuna durante toda la noche. Me arrulla cuando cambia suavemente de intensidad, en unos momentos más urgente, en otros, más tenue, cuando se interpone un trueno entrecortado a lo lejos y el agua sigue corriendo; es algo sublime. Todo en la lluvia me cautiva.

Me gusta cuando choca contra los cristales, dibujando gotas cristalinas que se escurren rápidamente; me deleita cuando cae sobre el césped y desaparece absorbida por la tierra, pero sobre todo me embriaga cuando cae sobre la vegetación cerrada de la selva o de un bosque, sobre la copa de los árboles, que amortiguan su caída hacia el suelo. Si son tormentas de verano, que no suelen durar mucho, difícilmente el agua traspasa la espesa capa vegetal que forma la copa de los árboles en la selva, pero la oyes, la sientes, la palpas. Es algo que me arropa y me transporta hacia otra dimensión.

Podría detestarla, ya que los días de lluvia de mi vida han sido desmedidos. Pero soy incapaz de ello ya que la lluvia ha estado presente en numerosos momentos significativos, y detestarla sería lo mismo que detestar esos recuerdos tan esenciales, rechazarlos.

Una mañana conduciendo bajo la lluvia después de una exitosa reunión. Una aparatosa tormenta justo cuando la grúa llegaba con diversos árboles que no podían quedarse sin plantar. Una boda al aire libre con los invitados muy bien ubicados sobre el césped y el agua cayendo estrepitosamente. Llegar completamente empapada a un examen importantísimo de la carrera por no querer esperar más al autobús... Interrumpir abruptamente una conversación porque el ruido de la lluvia cayendo sobre el tejado te impide seguir hablando, te impone que es el momento de callar. Caminar descalzo en la orilla del mar durante una tormenta de verano, con el agua cayéndote sobre la cara, mojándote la ropa, el pelo, los sentidos. El sabor de un primer beso bajo la lluvia durante un día cálido.

Una tristeza momentánea transformada en lágrimas que brotan de lo más profundo de tu ser y que se escurren por tu rostro mezclándose con las gotas de lluvia, que te lava el dolor y el alma.

Si nunca te has permitido probar nada de esto, entonces es que has desperdiciado demasiadas tormentas...

¿Qué decir de un rutilante arco iris? Puede gustarte o no la lluvia pero es indiscutible la atracción y la fascinación que ejerce sobre las personas el ingrediente más emblemático de un día de lluvia y sol: el fantástico arco iris que corona el cielo con su esplendor. Un fenómeno meteorológico y óptico que se produce cuando los rayos del sol atraviesan pequeñas gotas de agua suspendidas en la atmósfera terrestre. No suele importarme dónde estoy, cuando veo esta sobrecogedora maravilla tengo que pararme a admirarla. Normalmente suele sorprenderme conduciendo, entonces busco un lugar donde aparcar el coche y simplemente disfruto del momento, sintiéndome afortunada por poder disfrutar de algo tan efímero e intenso, tan cargado de simbología.

Hay tantas cosas positivas en la lluvia, que dedicándome a lo que me dedico sería una persona apática si dijera que no me encanta. No todo es belleza y arrebatamiento. La lluvia es un fenómeno imprescindible, limpia el aire que respiramos reduciendo los niveles de polución que nosotros mismos generamos, es fundamental para las plantas, para su desarrollo y continuidad, para los caudales de los ríos y pantanos o incluso para las corrientes subterráneas, que no vemos pero que sin embargo son primordiales para el planeta.

Mis recuerdos más estimados de la lluvia son los que tengo de cuando me tumbaba en una de las hamacas que colgaban de las columnas del porche de la casa de la playa; allí me dejaba llevar por el ligero movimiento de vaivén que, unido a la tormenta que caía de forma grandiosa sobre la floresta, me relajaba infinitamente. Cuando cesaba la lluvia, había algunos instantes de silencio absoluto, y de repente los ruidos de la selva volvían a surgir estrepitosamente. Los incontables pájaros canturreaban en júbilo y toda la naturaleza celebraba la vida en su plenitud. Era algo tan único en su espectacularidad que cualquier tentativa de describirlo sería injusta.

Las columnas de donde colgaban las hamacas tenían en su base una planta *(Alpinia purpurata)* que recogía las gotas de la lluvia con sus hojas largas, lanceoladas y ligeramente curvadas hacia su interior. La planta formaba un matorral de tallos que salían directamente de la base y que recogían la lluvia llevándola directamente al centro del matorral, para que las raíces recibieran la mayor cantidad de agua posible. Tenía flores preciosas, aunque diminutas. Eso lo aprendí más adelante, porque creía que la flor era la parte fucsia muy viva que tenía al final de los tallos, sin embargo estas eran inflorescencias, formadas por brácteas (hojas modificadas) que sirven de protección a las flores. Muchas veces solía cortar los tallos con flores para ponerlos dentro de casa en jarrones con agua, pero al no cortarlas alguna vez, descubrí que cuando la flor «maduraba» producía una nueva planta, una versión pequeña de la planta adulta y que yo plantaba en macetas sin arrancarla de la planta madre, hasta que echara raíces, para entonces cortarlas.

La primera planta que tuve de jengibre rojo me la regaló mi abuela. Las trajo muy pequeñas aún, plantadas en latas de conserva, y me dijo que las plantara donde me pareciera, en el jardín que estaba desarrollando. Son originarias de Indonesia, pero la verdad es que bien podían ser nativas de Brasil, pues se adaptan muy bien a cualquier sitio tropical con un resultado verdaderamente exuberante.

A menudo venían colibríes a beber de sus diminutas flores y estos eran momentos de verdadero estupor. En Brasil los conocemos como *beija-flor* (besa flor) porque, además de imprescindibles polinizadores, estos fascinantes y menudos pajarillos, con su impalpable volar y sus movimientos sutiles y etéreos, revolotean con tal precisión que es como si estuvieran posados en una rama imaginaria inmóviles en el aire, maniobrando adelante y atrás. Esta agilidad y capacidad son únicas de estas elegantes aves, las cuales pueden llegar a batir las alas unas setenta veces por segundo. Siempre solitarios visitando las flores para alimentarse de su néctar y así obtener calorías. Necesitan para su supervivencia el azúcar que pueden encontrar en el néctar de las flores en mayor o menor cantidad, dependiendo del tipo de flor. El tipo de vuelo que emplean supone un alto consumo de energía y para poder seguir volando deben estar infatigablemente repartiendo besos por sus flores favoritas. El colibrí tiene una característica muy marcada: un pico más largo que los demás pájaros, pero que puede variar en tamaño de una especie a otra según las flores de las que suelen alimentarse.

Es una ave tan importante para los brasileños y tan habitual en el día a día que está representada en el billete de un real (moneda brasileña).

Y yo, cada vez que uno venía a visitar mis plantas me quedaba atrapada, me convertía en una atenta espectadora. Admiraba su belleza, su ligereza y su fuerza. Tan delicados y al mismo tiempo tan supremos.

Así, poco a poco, fui poblando el jardín de la casa. Los muros me parecían demasiado hoscos y rompían la mirada, impidiendo que se alzara desde el jardín hacia la selva de forma harmónica. Esos muros grises y feos, que me molestaban más que cualquier otra cosa de la parcela, fueron lo siguiente. Busqué por las pocas casas que había en nuestra selvática urbanización alguna que tuviera una planta que los cubriera, una planta que en mi tierra se conoce con el nombre de uña de gato *(Ficus pumila)*. No es autóctona de Brasil, ni mucho menos, pero se adaptó como ninguna al clima tropical. En España es una planta de interior, delicadísima y que crece más bien poco. Pero en Brasil es una planta feroz y dominadora. La encontré tapizando por completo un muro, pegada a él hasta arriba con sus raíces adventicias. De modo que colecté varias ramas para plantarlas en la base de mis feos muros. No tardó mucho en poblarlos con sus pequeñas hojas de distintos tonos de verde, y el muro desapareció para siempre. Al fin todo era verde y armonioso.

Luego llegó el momento de las aceras. La casa estaba ubicada más bien en la parte frontal de la parcela y desde la ampliación de los porches y de los tejados se la veía desde la calle.

Yo no quería que fuera así. Quería que siguiera escondida entre la selva. Que solo la vieras buscándola bien. Sabiendo que allí estaba. Tenía largas aceras de tierra con únicamente el bordillo hecho de piedra. Mi abuela me trajo algunos árboles en sus ansiadas latas de conservas que siempre eran bienvenidas, como si de un banquete se tratara.

No dudé ni un momento y plantamos tres de aquellos enanos árboles en la acera, y luego otros tres más en la parte trasera de la parcela y del estanque.

La fui poblando con plantas en todos los rincones que no estaban dominados por el césped. Aprovechando cada hueco sin dudar.

Delante de la casa aproveché un canalón de uralita antiguo que había estado tirado mucho tiempo en un rincón y en él planté todas las variedades de bromelias que encontré caídas de árboles. Suelen caerse a menudo ya que muchas veces nacen sobre árboles muertos y troncos que ya se encuentran en avanzado estado de descomposición. Como acumulan mucha agua en su interior, muchas veces estos troncos se rompen o ellas se sueltan y caen por su propio peso. Algunas siguen su crecimiento en el suelo, otras caen en mala posición, dejan de recibir luz y agua y se mueren.

Casi como nosotros, los seres humanos, que muchas veces insistimos en estar en sitios que no son los adecuados, persistimos en arraigarnos en árboles muertos, suspirando por recuerdos dañinos, aferrándonos a personas tóxicas.

Hasta que un día caemos al suelo. Directamente hacia el fango.

Si tenemos la suerte de caer bien, pues podemos seguir adelante después de limpiar las heridas, pero si te caes boca abajo y te quedas sin poder respirar, ¿cuánto tiempo podrás aguantar antes de perecer?

¿Vale la pena entregar tu alma por insistir en algo que sabes que no acabará bien?

Hay que dejarse lavar por una buena tormenta. Que el agua se escurra por cada centímetro de tu piel, empapándote, sanándote.

Que te colme y te desborde, como hace la copiosa lluvia que cae sobre las plantas de la selva.

Luego pasarás algunos momentos de frío, te sentirás helado por fuera y hasta los huesos, para enseguida arrepentirte de haber cedido a un arrebato tan romántico.

Pero sabrás que pocas veces volverás a sentirte tan vivo.

Flores blancas
con marcas
centrales
amarillas.

Belleza pura
y profusa

Muy
utilizada
en paisajismo
por su forma
lanceolada
y
floración
constante

Forma matas
en forma de
abanico y prefiere
sitios de semi sombra,
al cobijo de árboles
altos.

Originaria
de África

Dietes iridioides

Moreia

(Dietes iridioides)

«Tiene que seguir adelante, haga lo que haga, o aunque no haga nada.
Aun en el caso de que deje que la tierra se convierta en barbecho,
no podrá evitar que crezcan las hierbas y los zarzales.
Siempre brotará algo.»

JOHN STEINBECK

El día en que se casó mi hermana mayor, nos abrazamos y no pudimos evitar que se nos escaparan las lágrimas a borbotones. Para mí no hubo mucha celebración, mi compañera de habitación, y sobre todo mi mejor amiga, se marchaba de casa a vivir más bien lejos y ya tampoco la iba a ver en el colegio. Las cosas no serían las mismas nunca más.

Puse en marcha en mi interior un plan para escapar de la vida que tenía y que no me apetecía que siguiera siendo como era. No tenía ninguna intención de casarme tan pronto como ella había tenido que hacer; ni la iglesia ni mis padres iban a convencerme de lo contrario.

Empecé a barajar todas las posibilidades y a sopesar qué carreras me permitirían aprender sobre plantas, suelo, climas y otras cosas que sería necesario aprender para poder dedicarme a construir jardines. Mis opciones eran elegir entre biología, botánica, agrónomos o la que quería mi familia que cursara: arquitectura.

A pesar de que era muy buena estudiante, frecuentaba un colegio público y en Brasil estos tienen excesivas deficiencias. Por las tardes solía ayudar a mi padre en la tienda, y los días que no había mucho movimiento me sentaba en su despacho y me ponía a estudiar las pruebas de acceso de años anteriores a las universidades en las que tenía pensado examinarme. Lo hacía como si en ello me fuera la vida, pues quería aprobar en alguna universidad que fuera muy buena y que tuviera un nombre de peso, algo que en mi tierra es muy importante a la hora de encontrar un buen trabajo. Influye mucho la universidad en que has estudiado, pero no es nada fácil acceder a ellas.

Muchas veces también me iba a estudiar a la biblioteca municipal, me gustaba el ambiente, el estar rodeada de libros era acogedor e inspirador. Pero principalmente me encantaba el jardín que tenía delante. A veces se me iba un poco el pensamiento y me quedaba con la mirada fija en unos matorrales bajos de hojas muy largas y estrechas en forma de lanza; eran de un color verde oscuro y tenían unas flores impresionantes. Estas tenían seis pétalos, tres de ellos eran completamente blancos, y los otros tres, que estaban intercalados, tenían una mancha amarilla próxima a la base; la completaban tres sépalos interiores de un delicado color lila azulado. Era pura poesía, una obra de arte, y algunos días tenía tal profusión de flores que era un verdadero espectáculo. Siempre que la veía, me hacía sentir que todo aquel esfuerzo iba a valer la pena.

Estuve un año entero sin hacer otra cosa más que dedicarme a estudiar aquellas pruebas de acceso.

Elegí agrónomos en una de las universidades más importantes de Brasil y me coaccionaran un poco para que también hiciera la prueba de acceso a una universidad de arquitectura. La única razón por la que acepté fue para demostrar a mi madre que por lo menos lo iba a intentar. La facultad de agrónomos estaba bastante lejos de casa, a unos trescientos cincuenta kilómetros, la de arquitectura estaba al lado.

Había muchos arquitectos que se dedicaban al paisajismo por aquella época y aún a día de hoy. Pero yo no quería aprender arquitectura, quería aprender cómo funcionaban las plantas, su fisiología y sistemática, quería controlar la morfología del suelo, su física y química, la climatología, la economía agrícola; quería aprender sobre fertilizantes, sobre maquinaria, riego, microbiología, topografía, y nada de eso lo iba a aprender en una facultad de arquitectura. Puede que algunos temas coincidieran ligeramente, pero desde luego sería con otro enfoque. Quería aprender todo esto y luego aplicarlo en la maravillosa ciencia que es crear jardines y espacios exteriores.

Para ser justa con mi padre debo decir que a escondidas de mi madre él me apoyaba muchísimo. Quería que yo siguiera mis sueños, sin embargo, mi madre no quería que yo me fuera a vivir sola con los diecisiete años que tendría cuando tocase empezar la carrera que aprobara al cabo de un año.

Al final, después de todo el esfuerzo llegó la recompensa, aprobé en las dos carreras y hubo que decidir. Para mí no había duda ni nada que pensar; tenía clarísimo que quería irme lejos a aprender todo lo posible sobre las plantas.

Llegado el momento de la verdad, mi padre reculó un poco. No le hacía mucha gracia que me fuera a vivir sola, al igual que mi madre, pero como se había comprometido a apoyarme, así lo hizo. Sin embargo, con mi madre no había manera, no iba ni plantearse la conjetura. Según decía, era muy ingenua y tenía una idea equivocada del futuro. Estudiar agrónomos era hacer una carrera de cinco años simplemente para dedicarme a arar la tierra el resto de mis días. Decía que no tenía ni idea de lo que era la vida y que tampoco sería bueno alejarme así de la iglesia y de sus normas.

Yo no podía estar en más desacuerdo, yo solo quería ser libre. Libre para decidir, libre para ir y venir, libre para volar adonde el viento me llevara.

Sabía que mi vida tenía que ser verde, cargada de aromas y sensaciones. Tenía unos ideales, unos anhelos urgentes de ver mundo, de dedicar mi vida únicamente a plantar y a hacer jardines. Fuera como jardinera del Ayuntamiento, como botánica o como paisajista en un despacho.

Quería ser capaz de hacer que personas a quien les da igual una planta, flor o árbol, a quien el olor de una rosa les es indiferente pasaran a sentir la importancia del contacto con la naturaleza; que mis jardines ayudaran a generar en los demás una nueva forma de apreciación de la naturaleza.

Quería poder trabajar al aire libre con el sol tocándome la piel, la brisa en la cara y las manos sumidas en la tierra recién arada. Quería hacer algo que me llenara de vida y de satisfacción, algo que sintiera que jamás podría tomar como una obligación.

Mi mayor deseo era poder crear belleza, trabajando en conjunto con personas y plantas, pero también proporcionando hábitat para la vida silvestre y ayudando a preservar los ecosistemas nativos además de mejorar las condiciones medioambientales de las ciudades y de los entornos urbanos.

Quería que los árboles que llegara a plantar sumaran juntos un bosque entero y que el oxígeno que produjeran fuera equivalente a un millar de aires acondicionados.

Quería conectar con el planeta a través de la tierra. Quería sentir esa energía que emana de un jardín en creación, quería que esas sensaciones que despierta en mí el hecho de poder plantar algo, el olor de la tierra recién movida, o mojarme completamente al probar el sistema de riego fueran mi combustible y mi alimento.

Quería hacer jardines capaces de sacar el lado sensible de cada uno, porque siempre creí que así tal vez el mundo a mi alrededor podría ser un poco mejor.

Quería dedicarme a hacer algo que me hiciera sentir completamente en paz.

Y por todo eso, la decisión ya estaba tomada. Tanto por parte de mi madre que ya había sentenciado mi destino como por mí, que no iba permitir que nada se interpusiera en mi camino, ahora que estaba tan cerca.

Mi padre hacía de mediador.

Por suerte siempre he sido cabezota y determinada. Sabía que si mi madre no me dejaba ir aquel año, volvería a intentarlo el siguiente, volvería a hacer las pruebas de acceso. Y entonces, ella ya no podría impedírmelo porque sería mayor de edad.

Así que no hice chantajes, ni me rebelé.

Solamente le dejé claro que estaba decidida, y si no era aquel año, al siguiente me largaría a estudiar.

Un día decidí dejarle un mensaje en la nevera. La nevera de mi madre era sagrada y fría como ella misma. Ni fotos de la familia, ni mensajes de cariño, solamente su colección de imanes de pingüinos. Que no se le ocurriera a nadie tocarlos.

En una hoja de papel escribí: «Si sabes adónde vas, ya tienes la mitad del camino andado», y la colgué entre los pingüinos. Fue una locura hacerlo, porque toqué la colección y eso la enfurecía mucho. Pero de alguna forma mágica funcionó.

Creo que entendió que tenía las ideas muy claras y que en aquel asunto no iba a rendirme fácilmente, y por fin me entregó las llaves de mis cadenas.

Me fui a estudiar y a ser libre, a recorrer mi propio camino. Me dejé guiar por sensaciones, por el instinto. Creo que es la mejor forma de llegar al sitio al que uno pertenece.

El viaje de camino a Botucatu, la ciudad adónde iba a estudiar, fue tenso y silencioso.

La primera vez que entré en la universidad fue algo impactante. Estaba ubicada en una granja experimental de aproximadamente novecientas cuarenta hectáreas. Era un sitio inmenso y muy bonito, repleto de diversos cultivos agrícolas, pequeños bosques, lagos y arroyos. La entrada daba la bienvenida con un pórtico alto que ostentaba orgulloso el nombre de la famosa universidad.

Mis padres seguían cabizbajos y afligidos, yo sin embargo ganaba en entusiasmo por momentos porque solo era capaz de ver lo positivo de todo aquel cambio, de vivir sola en un sitio alejado del control y de la falta de estima materna que había tenido hasta entonces. A mis padres, en cambio, les preocupaba muchísimo todo lo negativo que aquella decisión podría acarrear, el exceso de independencia y sus consecuencias.

Resultó que los tres estábamos irreprochablemente equivocados.

Porque cabe decir que la vida no es tan sencilla como nos gusta creer cuando somos jóvenes, y yo ni por asomo estaba preparada para todos los golpes que iba a recibir durante los años venideros. Sin embargo, era consciente de que quería andar mis propios pasos y cometer mis propios errores. Y si lo que venía por delante me iba a hacer daño, me bastaba con saber que era plenamente capaz de curar mis propias heridas. Había aprendido con las plantas que si te rompen un tallo, tienes que ramificar otra vez, y que mientras tengas aliento y necesidad de florecer, debes seguir brotando.

Siguiendo el camino en dirección a las aulas, pasabas por un pequeño bosque de eucaliptus *(Eucaliptus globulus)* muy altos, árboles nativos de Australia y a los que yo no conocía personalmente. Sin embargo, son ampliamente utilizados en Brasil, tanto para consumo de madera como de celulosa, entre otras cosas. Había llovido un poco antes y el agua de la lluvia intensificó aún más el olor de sus hojas; su perfume inundó el coche de una forma poderosa.

El olor del eucalipto relaja la musculatura de la tráquea, de los bronquios y de los pulmones, consiguiendo que se dilaten los alveolos pulmonares. Como consecuencia, amplía la entrada de oxígeno en tus pulmones, y en el resto de tu organismo. Era aroma a fresco, a comienzos. Era algo insuperable y tan efímero como la vida misma.

Respiré hondo y recibí con el pecho abierto mi nueva vida, que empezaba en aquel momento.

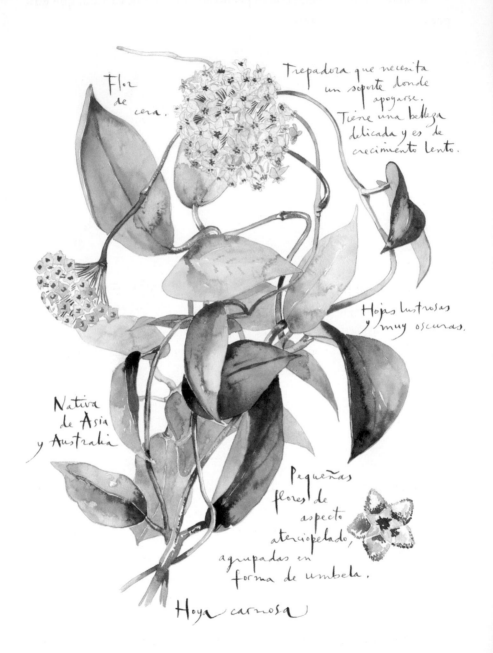

Flor
de cera.

Trepadora que necesita
un soporte donde
apoyarse.
Tiene una belleza
delicada y es de
crecimiento lento.

Hojas lustrosas
y muy oscuras.

Nativa
de Asia
y Australia

Pequeñas
flores de
aspecto
aterciopelado,
agrupadas en
forma de umbela.

Hoya carnosa

Flor de cera

(Hoya carnosa)

«Fui a los bosques porque quería vivir deliberadamente;
enfrentar solo los hechos de la vida y ver si podía aprender
lo que ella tenía que enseñar. Quise vivir profundamente
y desechar todo aquello que no fuera vida… Para no darme cuenta,
en el momento de morir, que no había vivido.»

HENRY DAVID THOREAU

El primer año de la carrera no fue nada fácil; para traducir mejor la realidad tendría que decir que fue un verdadero infierno. El acoso que sufría en el colegio tomó unas proporciones descomunales en un territorio totalmente inhóspito, donde casi todos los que vivíamos y estudiábamos éramos forasteros y con una recién asumida falsa independencia e inmoderada prepotencia, donde ya no existía el control de «nuestros adultos».

Los jóvenes pueden ser muchas veces tan imperdonables como los niños a la hora de mofarse de alguien, pero al tener la malicia bastante más desarrollada que cuando eran solo unos críos, pueden ser potencialmente dañinos y crueles.

Cada día recibía pequeñas notas amenazadoras, patadas con la constancia y la insistencia de un reloj suizo en la silla donde me sentaba, alguna que otra zancadilla por los pasillos, mis libros desaparecían de la faz de la tierra a menudo, y lo peor: era la elección número uno para las tan temidas novatadas de las universidades estatales brasileñas.

Hasta que no cambié completamente mi aspecto para adaptarme a los patrones que ellos consideraban los normales, hasta que no dejé de vestirme con faldas largas y no me puse unos vaqueros ajustados, o hasta que no me corté el pelo que llevaba largo hasta la cintura, no me dejaron en paz y no tuve ningún amigo. Nadie se atrevía a acercarse a mí y arriesgarse a ser motivo de burlas, empujones o chacotas. Así de hipócritas y mediocres eran los jóvenes con quienes compartía mis estudios.

El tema se resumía únicamente a mi apariencia, que para ellos no encajaba allí. Hoy pienso en lo increíble que resulta que mi forma recatada de vestir pudiera molestar tanto a aquellos descerebrados universitarios. No mi forma de ser, que también era bastante tímida al principio, sino las faldas largas y el pelo hasta la cintura. Por eso sé que la razón de tanto rechazo es que mi atuendo era como una bandera de la religión de mis padres, y esa era la indudable causante de mi sufrimiento: el ser de una religión distinta a lo que se consideraba tradicional por aquel entonces.

Así que decidí darles lo que querían con tal de que me dejaran en paz. No estaba dispuesta a permitir que una panda de niñatos se interpusiera en mi camino. Que se interpusieran en mi concentración en los estudios o en mi aprendizaje. Estaba allí por una razón, que era adquirir un grado de conocimiento que me ayudara a alcanzar mis sueños. Así que cedí bajo la presión, me adapté. Me quité el uniforme de chica de la iglesia para que se olvidaran de mí y se buscaran otra cosa con que entretenerse, y así poco a poco sucedió.

Fue como si al cambiar mi forma de vestir hubiera rechazado el credo que tanto les molestaba, volviéndome casi invisible. Pero la ventaja es que yo considero la invisibilidad un superpoder.

Cuando eres niño, la sensación de que nadie te ve, de que nadie te percibe, puede ser abrumadora y muy dolorosa, pero cuando vas evolucionando y aprendes a disfrutar de los momentos de soledad, ganas. Ganas y conquistas, porque aprendes a no necesitar a nadie para ser feliz, aprendes a quererte a ti mismo y a aceptarte tal como eres. Disfrutas de momentos únicos e irrepetibles que tal vez no hubieras podido apreciar de haber estado rodeado de gente.

Esa valiosa lección había aprendido en la selva, en mis jardines, con mis plantas. Al poder observar mariquitas, mariposas, ardillas, tucanes, colibríes, perezosos y otros tantos animales que hubieran huido al menor ruido, a la menor señal de alboroto. La soledad no es mala, al revés. Es un beneficio, un obsequio y solo teme estar solo aquel que tiene miedo a descubrir que no disfruta de su propia compañía o de sus pensamientos, además de las maravillas que la palpitante naturaleza ofrece.

Por eso, a partir del momento en que me hice invisible en la universidad, todo se fue haciendo más normal y más llevadero. Si es que se puede decir tal cosa de la vida universitaria.

Había muchísimas asignaturas interesantes y otras que eran profundamente tediosas. Empecé a hacer prácticas en el Departamento de Economía, donde me dieron una beca por el buen trabajo que estaba haciendo.

Con la cantidad de estudios y exámenes que se acumulaban cada vez volvía menos a la ciudad donde vivían mis padres y me encerraba sola en casa. Me habían dado tantos golpes que me costaba confiar en los demás, y siempre pensaba que los que se acercaban era porque querían hacerme daño o porque necesitaban algo de mí.

Mi casa y mi corazón estaban cerrados con llave, y muy pocos pudieron entrar. Solo lo hicieron un par de valiosas amigas que conservo hasta el día de hoy y mi alegre perro *Resaca*, un maltés intrépido y muy travieso que supo enseñarme lo que realmente es el amor incondicional y cómo este puede transformar tu forma de ver el mundo.

Allí fui creando un pequeño refugio, que a su vez también era un oasis. Las plantas que me había ido regalando mi abuela eran auténticas joyas y hubo que ir haciéndoles espacio porque abundaban, cada una con su debida historia y presentación. El apartamento tenía unos amplios ventanales y recibía muchísima luz, lo que me permitió transformar la casa en un invernadero. Pequeñas palmeras, arbustos, orquídeas, helechos y anturios; era una maravilla.

Así pude comprobar que solo no tiene jardines quien no los quiere, porque las plantas de interior cumplen con excelencia la función de ajardinar. Necesitan una buena cantidad de luz y la dosis acertada de agua, pero no fallan en decorar y llenar de vida todos los espacios.

Nada más entrar por la puerta, colgada sobre la nevera te recibía con sus ramas abiertas una preciosa «flor de cera», una enredadera de hojas verdes muy brillantes y casi carnosas con inflorescencias impresionantes en forma de ramillete. Subía y yo le permitía que trepara por los armarios y ventanas conquistando toda la cocina. Las pequeñas flores estrelladas eran de un rosa muy pálido, de textura aterciopelada y con una estrella más pequeña y brillante de un rosa oscuro en el centro de cada una. Tenía una apariencia muy delicada, pero eran flores muy duras al tacto y con una textura suave alucinante. Eran mis favoritas por la dureza que ofrecían a pesar de su apariencia tan frágil y efímera. Las plantas que tienen aspecto delicado pero en realidad son resistentes y duraderas nunca dejarán de sorprenderme y cautivarme. Aparte era fácil tenerla siempre florida; mientras no le faltara luz y agua continuamente tenía flores que duraban mucho tiempo.

Mi debilidad por las enredaderas y trepadoras empezó a tomar forma con la planta del maracuyá, y luego con la flor de cera la seducción fue completa. Aunque la segunda no tenía un mecanismo de «agarre» como la pasiflora, sabía colgarse, sabía apoyarse y sabía cómo buscar luz donde fuera. Las trepadoras se buscan la vida, no se dejan intimidar y esquivan los obstáculos, estirándose y desplegándose. ¿Cómo no admirarlas profundamente?

Un verano, al final del tercer año de carrera surgió la oportunidad de hacer prácticas en una granja en el norte del estado. Tenían muchos cultivos y estuvimos trabajando con el desarrollo de la caña de azúcar, del cacahuete y del maíz. Conducíamos tractores, y por las noches jugábamos al mus con los granjeros de la zona.

Me gustaba mucho aquel ambiente y las grandes extensiones de tierra cultivada eran algo que llenaba la vista y te quitaba el aliento. Aquello me empezaba a parecer una buena manera de estar en contacto con la naturaleza, ya empezaba a acomodarme y verme montada en tractores como forma de ganarme el pan de cada día, me parecía divertido. Ser ingeniero agrónomo es algo que te ofrece tal abanico de opciones profesionales que, en determinado momento, te puedes sentir perdido y desorientado.

Una tarde, paseando por un centro comercial de la ciudad, entré en una tienda de libros. Estaba ojeando en la sección de cultivos agrícolas, buscando variedades de cultivos que me atrajeran para empezar a elegir en cuál profundizar mejor, cuando tuve un encuentro de lo más oportuno. Entre mis manos surgió un libro de paisajismo, que no abundaban exactamente por aquel entonces. Era la primera vez que me cruzaba con un ejemplar que llevara la palabra «paisajismo» en su portada o en su temática y no dudé ni un segundo en comprármelo. Lo estuve contemplando largo rato, era inmejorablemente feo, sin fotos, en blanco y negro, muy sencillo. Un manual básico, muy básico visto desde ahora. Pero era como la caja de pandora para mí. Lo abrí, lo leí entero unas cuantas veces, y mi mente se expandió de tal manera que ya no cabía en muchas muchas hectáreas de un campo de maíz.

Por eso y gracias a esas prácticas y a aquel escueto manual de paisajismo, me di cuenta de que cada vez me estaba alejando más de lo que había ido a buscar allí, en la universidad.

Cada página que avanzaba en la lectura del manual me hacía sentir más centrada, me hacía volver a la esencia de mis sueños. Pero la realidad al cerrar el libro es que no había otra forma de aprender más sobre el tema. La universidad no ofrecía ningún tipo de prácticas con paisajismo o jardinería y la verdad es que el tema en sí era tratado más bien como superfluo. El concepto general es que nos estaban formando para la agricultura y sus derivados. Los jardines no tenían ninguna importancia en aquel mundo.

Como no podía ser de otra forma empecé a rebelarme y buscar los medios para aprender a hacer jardines por mi cuenta. Empecé a quitarle importancia al cultivo de la caña de azúcar o de la soja. Ya no quería saber nada de cómo criar ganado, o de la economía agrícola nacional con sus exportaciones.

Me había desviado un poco del rumbo, pero no era muy grave porque afortunadamente me di cuenta a tiempo y me desdoblé para ponerle remedio.

La serendipia me había alcanzado. Y aunque fuera algo inesperado percatarme de repente de que me había estado desviando del camino que yo misma había decidido que quería para mi vida, la belleza radicó en darme cuenta no solo de que me había estado alejando, sino también de que probablemente aquel camino que tanto quería recorrer era el que me había sido predestinado desde siempre.

La poesía del todo es que la vida te alienta a que busques el sitio adonde quieres llegar, te empuja y muchas veces incluso te arrastra. Sin embargo, tienes que estar con los ojos muy abiertos, el corazón receptivo y el ímpetu predispuesto, para así poder detectar todas las señales que tan amablemente te concede.

Solo aprécialo, sé grato y agarra fuerte el impulso.

Planta herbácea, anual,
poco exigente en agua,
pero sí en drenaje
del suelo

Floración
masiva y
espectacular a
principios de
primavera

Cultivar
a pleno sol.
Multiplicación
por
semillas.

Papaver rhoeas

Amapolas
(Papaver rhoeas)

«Jamás un paisaje podrá ser idéntico a través de varios temperamentos de músicos, de pintor, de poeta. Cada paisaje se compone de una multitud de elementos esenciales, sin contar con los detalles más insignificantes, que, a veces, son los más significativos.»

JUAN RAMÓN JIMÉNEZ

En el mejor momento conocí a un gran aliado: internet. Todo lo que era imposible encontrar en la biblioteca de la universidad, toda la información que pudiera haber disponible sobre el arte de crear jardines la absorbí como una esponja. Todavía no había demasiada, eran los principios de una era e internet aún gateaba, pero todo lo que podría ofrecerme lo cogí con júbilo. Era una maravilla poder aprender de repente sobre un tema que antes estaba totalmente oculto en algún rincón inaccesible.

Fue llegando el momento de elegir las prácticas de final de carrera, sin embargo, la universidad no nos daba muchas opciones aparte de las relacionadas con la temática habitual, es decir, grandes cultivos.

Me puse a buscar de forma frenética otras opciones en internet. Tenía que haber algo para mí en algún sitio. Tenía que existir la manera de hacer prácticas con paisajismo y que tuvieran validez académica, o por lo menos que tuvieran una validez indefinida en mi carrera dirigida a los jardines.

Encontré finalmente un sistema donde podías elegir entre varias prácticas y varios países y optar a ellas. Era como un gran sorteo, ninguna estaba relacionada con ningún país. Simplemente era una cuestión de que tuvieras la suerte de hacer coincidir determinada asignatura con un país que tuviera disponible prácticas en el sector.

Me apunté a prácticas de jardinería, de paisajismo, de decoración, de topografía, de geología, fisiología vegetal, botánica y unas cuantas más. Por otro lado elegí países como Estados Unidos, Canadá, Alemania, Noruega, Francia y España.

Te apuntabas, pagabas una tasa y esperabas.

Pasados unos meses me llegó una carta, aprobaban mi perfil y yo tenía que elegir entre dos opciones: topografía en Alemania o paisajismo en España.

Había un puesto para un becario de paisajismo en un Ayuntamiento de algún lugar de España esperándome…

¿Casualidad o causalidad?

Estuve mirando aquella carta con encantamiento largos días. Tenía en mis manos un pasaporte para conocer el país donde mi padre había nacido y del que tanto había oído hablar en las reuniones familiares. Y por si fuera poco alguien me iba a enseñar lo que más quería aprender: cómo hacer jardines.

Sin embargo, como imposición del organismo que las regulaba y coordinaba, las prácticas había que realizarlas en el siguiente semestre (que sería el segundo de mi cuarto año de carrera) y no podrían esperar hasta que llegara el momento de las prácticas de final de carrera. Después de muchas negociaciones con la rectoría de la universidad conseguí su promesa de que me las convalidarían llegado el momento, lo que resultó ser falso y, posteriormente, un gran obstáculo, algo que no era nada nuevo en mi vida.

Si eres de los que no te dejas abatir, los problemas solo sirven de combustible y de aprendizaje.

Muchas gestiones universitarias, diplomáticas y familiares después, me embarcaban en un avión destino a España. Era mi primer vuelo y era justamente al país donde siempre había querido ir. Una afortunada coincidencia o la relación entre causa y efecto, no me importaba. La vida me había hecho aquel regalo al fin y al cabo. No podía explicarlo pero lo recibía con los brazos abiertos.

Mi primera impresión mientras el avión bajaba a tierras españolas fue de sorpresa. Qué parajes tan ocres y marrones. Venía de sobrevolar kilómetros y más kilómetros de selvas, un verde que no se acababa y luego un océano interminable, así que aterrizar en Madrid fue algo impactante. Me preguntaba dónde estaba escondido el verde. Luego lo vi y supe apreciar que Madrid era muy verde, pero de forma más dispersa y no tan concentrada como en mi tierra.

Estuve una semana en la capital; conocí a mi familia española, la que todos los años nos enviaba felicitaciones de Navidad. Ellos me guiaron por los principales jardines de la capital y los alrededores. El Retiro, el Jardín Botánico, los jardines de Aranjuez, la Granja de San Idelfonso… Me preguntaban si quería ir al Museo del Prado o algún otro sitio emblemático, pero no, yo solo quería ver jardines. Ya habría tiempo para los museos. Mis adorables «tías» se reían mucho, para ellas yo era una loca de los jardines.

Antes de que me diera cuenta, me había enamorado perdidamente de este país. Las calles tan limpias, la gente tan amable, la comida tan exquisita. Una arquitectura impresionante, tan bien cuidada y mimada. Los coches que paran en los pasos de peatones para que puedas cruzar…

¿Qué hay en España que te atrapa de forma tan sobrecogedora?

Sus paisajes tan bucólicos, puntuados con castillos tan antiguos y con historias que se remontan milenios.

Ver los campos rojos cubiertos de amapolas fue algo que me dejó sin palabras; jamás había visto tal profusión de flores silvestres. Había estado en campos de cultivo de rosales, algo que sin duda recuerdo con cariño por su espectacular belleza. Pero las amapolas son plantas anuales consideradas malas hierbas y que nacen sin cultivarse, efímeras como casi ninguna. Las mesetas y los campos cubiertos por esas flores están cultivados normalmente con cereales, y aun así año tras año estas plantas de fugaces flores insisten en exhibir su llamativa altanería, persistiendo en existir en contra de la voluntad de los agricultores. Albergan tal belleza transitoria que resulta conmovedor.

Pasada la primera semana de reconocimiento y de fascinación, me fui a Valencia, donde viviría los próximos meses. Las prácticas eran en un pueblo cerca de Játiva. El jardín que tuve el placer de diseñar era el de una avenida central del pueblo, donde iban a construir nuevas viviendas. Me sentía importante, responsable de algo mucho más grande que yo. El arquitecto del Ayuntamiento responsable de enseñarme no aparecía mucho por allí, pero en Valencia tenía acceso a muchas librerías con una cantidad considerable de libros de jardinería y paisajismo. Compré los que pude permitirme y basé en ellos mis avances. En algo tenía que apoyarme, porque no podía pretender utilizar las mismas plantas que se utilizan en los jardines brasileños. Sobre todo porque en España muchas de estas plantas tropicales solo sobreviven en el interior de las casas.

No llegué a ver aquel jardín acabado porque tuve que volver a Brasil antes. Pero la experiencia de poder participar en algo que tanto deseaba ver cómo funcionaba, me hizo convencerme aún más de que no había otra profesión a la que quisiera dedicarme tanto como esta.

Conocer España fue algo que también caló muy hondo en mí. La tranquilidad que se respira en las calles, la cultura, la educación, lo fácil que es acceder a los sitios, la organización de las ciudades. Todo me hacía sentir muy cómoda. El deseo de volver se quedó grabado a fuego en mi piel.

Al regresar a casa me sentía un poco descolocada.

Había podido atisbar una pequeña porción de lo que podría ser mi vida si me dedicara realmente a diseñar y construir jardines. Era como si se hubiera abierto ligeramente una ventana por donde me puse a espiar cómo podría ser mi futuro. Cuando esto sucede, te quedan pocas opciones. Puedes sentirte frustrado por no estar donde querías estar o puedes ponerte manos a la obra para conseguir llegar allí, a ese punto donde todo es como debe ser, como ansías que sea. No hablo de ubicaciones físicas, de lugares. Hablo del contexto al que perteneces en esta historia que empieza el día en que nacemos y de la que somos protagonistas incuestionables.

A mi parecer, es una decisión bastante sencilla, casi primigenia. Porque ¿cómo puede alguien sentirse pleno después de haber vivido una experiencia etérea e insuperable, que le ha colmado de un placentero aturdimiento al descubrir lo feliz que lo hace y, sin embargo, quedarse estancado a contemplar cómo se le evapora la vida día tras día, sin hacer nada para conducirla a ese punto de excelsa y excepcional plenitud?

Desde luego que puedes dudar sobre qué pasos dar para conducirte hasta allí, hasta el punto exacto donde se encuentra tu cometido; puedes sentirte inseguro y asustado, son sensaciones completamente justificadas. Pero jamás debes dudar de que hay que caminar hacia lo que anhelas, lo que sabes que te hará feliz. Jamás debes frenarte o permitir que alguien o algo te contenga. Porque estos pasos solo puedes darlos tú, el personaje principal de tu propia vida, y nadie más puede caminar el camino que te toca a ti recorrer.

Si te quedas parado esperando, jamás llegarás allí donde la vida te sonríe con flores.

Trepadora

Con ramas
de hasta
seis metros

Florece casi
todo el año
en sitios
cálidos

Nativa de
India
espectacular
en pérgolas

Exuberante
belleza

Thunbergia
Mysorensis

Sapatinho de judia
(Thunbergia mysorensis)

«Tarde o temprano una persona descubre que es el maestro jardinero de su alma, el director de su vida.»

James Allen

Acababa de llegar de mi primer viaje a España y me estaba costando volver a encajar en la universidad. Llevaba un desfase de seis meses de clases y mi percepción había cambiado. Quería ponerme a trabajar cuanto antes con los jardines, pero hasta que me graduara no iba a poder buscar trabajo en ningún estudio de paisajismo. Como mucho conseguiría una práctica gratuita en algún vivero de plantas ornamentales, pero en la ciudad donde estudiaba no había ninguno. Sentía que ya estaba lista para empezar a crear, y las asignaturas que me quedaban por cursar eran más un estorbo que otra cosa. Asignaturas de fin de carrera que ni siquiera se asomaban al tema que me interesaba: el paisajismo. Pero hubo que ejercitar la paciencia y seguir durante un tiempo más estudiando.

Fue casualidad o un empujón más de la vida, pero no hubo que esperar tanto como yo creía. La ocasión me encontró esperándola, y me encontró preparada, ya que todo lo que siempre hice fue estar alerta y muy despierta para cuando llegara el momento. Desde pequeña había deseado aprender todo sobre las plantas, la tierra, la naturaleza, el ciclo de la vida. Desde siempre había querido hacer jardines, crear belleza y rincones de paz, luchando contra todo y todos los que me decían que diseñar jardines no era una profesión lógica.

Hay quien cree que la suerte es la suma de oportunidad y preparación. Dicen que es lo que ocurre cuando, al llegar la gran oportunidad que estabas esperando, cuando esta se presenta, tú estás preparado para recibirla.

No podría estar más de acuerdo.

Sin embargo, también creo que además de estar preparado, debes tener la sensibilidad y la capacidad de saber distinguir estos instantes. Atraparlos con fuerza y no dejarlos escapar por nada de este mundo.

Uno de esos fines de semana en los que volvía a casa después de una larga temporada en la universidad, tuve un encuentro con una de las vecinas de mis padres. Vivía en la planta de arriba y no podía ser más simpática y amable.

Me vio llegar con mi coche lleno de plantas y me preguntó, con una sonrisa pícara, si tenía un vivero móvil. Le dije que me encantaban las plantas y que por mí viviría rodeada de ellas, pero que estas las había traído para mi abuela.

Entonces me preguntó de dónde venían y le expliqué que las traía de la universidad, donde yo estudiaba agronomía.

Se le iluminaron los ojos y me contó que estaba construyendo una casa en las afueras y que le habían hecho ya una pequeña parte del jardín. Pero que no entendía qué pasaba porque las plantas se estaban muriendo. Me preguntó si sería tan amable de ir a echarles un vistazo a ver qué les ocurría, dando a entender que, como yo estudiaba las plantas, probablemente reconocería los síntomas y sabría darle un diagnóstico.

Muchas veces dejamos escapar una oportunidad porque no la sabemos distinguir, o porque no la hemos apreciado lo suficiente. Una mala elección te cambia toda la vida, y te puede desviar del camino que te llevaría justamente a lo que andabas buscando con tanto entusiasmo.

Movida por mi curiosidad, me acerqué al día siguiente a la urbanización donde estaban construyendo su casa. Debo decir que me quedé sin habla nada más llegar. La seguridad para entrar al sitio imponía muchísimo; estuvieron como veinte minutos fichándome en la recepción antes de permitirme pasar con mi coche. Las casas eran verdaderas mansiones, al más puro estilo americano, con jardines en la parte de enfrente y ninguna valla que las separase de la calle o entre ellas. Casas en todos los estilos, diseños y proporciones dejaban claro con lujo de detalles que eran viviendas de gente muy importante, empresarios, artistas y expresidentes.

Nada más entrar en la urbanización pasabas por un enorme y precioso lago; franqueabas dos más antes de llegar a la casa de mi vecina de portal. Había patos y cisnes en los lagos, incontables árboles y arbustos y palmeras gigantes, en resumen, un paisajismo impecable. Era todo tan bonito y tan distinto a lo que estaba acostumbrada a ver en mi ciudad, una ciudad tan amurallada y gris, que me quedé aturdida. Parecía otro país, otro mundo.

Cuando llegué a la casa, el marido de mi vecina me recibió de forma igual de amable, eran la pareja más dulce y cordial que había conocido en mi vida. Eran tan campechanos y auténticos que no me extrañaba que les hubiera ido tan bien en la vida como para poder construir una casa en aquella maravilla de sitio.

Paulo, el marido, me condujo a las plantas que no estaban muy sanas para que las viera.

Era un gran seto de murtas (*Murraya paniculata*), una planta muy utilizada en paisajismo en Brasil, y rodeaba toda la zona de la piscina y una pista de baloncesto de la casa. Es una planta muy rústica, con pequeñas flores aromáticas. Aceptan muy bien la poda y por eso se suelen utilizar constantemente para setos de todos los tipos y alturas. Eran muchas y de gran porte, lo que significaba que habían costado bastante dinero, ya que son plantas de crecimiento lento y, cuanto más grandes, más caras son.

A simple vista no supe identificar su problema, pero tomé muestras de la tierra y ramas con hojas de las plantas para llevarlas a analizar cuando volviera a la universidad. Una vez en Botucatu, los resultados de los análisis del suelo y el foliar no decían mucho y me puse a dar vueltas al tema. Buscaba la solución en libros de la biblioteca, consultando a profesores, buscando algo en internet.

Acabé por pelearme con mis instintos, que insistían en decirme claramente cuál era el problema. Pero mi razonamiento me afirmaba que no era posible que el paisajista experimentado que había hecho aquella porción del jardín pudiera haber cometido tal error.

No tenía planeado volver a casa el fin de semana siguiente, tenía varios exámenes, alguna que otra fiesta, y los costes del viaje eran altos. Pero pasé por encima del razonamiento, me subí al coche y me marché en dirección a lo que yo siempre he llamado vocación. Lo hice porque ya no podía aguantar más el fantasma que me atormentaba por las noches. Tenía que confirmar que yo solo podía estar delirando, porque ningún paisajista del mundo estropearía una oportunidad como aquella. Trabajar en una urbanización tan grande, con tantas casas en construcción, con aquellos estándares, no era una oportunidad que una persona en su sana conciencia pudiera desperdiciar, y menos aún tomar a la ligera cometiendo vanos errores.

Muchísimos kilómetros después, aparqué el coche al lado del gran seto, solté a mi eterno compañero de viajes, mi perrito *Resaca*, para que diera un paseo por allí, y me puse a escarbar donde estaban plantadas las murtas. Con una pequeña pala de jardinería abrí un agujero y no paré hasta ver lo que había ido a buscar.

Sí. Mi instinto tenía razón.

Y por más que fuera una insensatez, y yo no pudiera creer lo que veía, el paisajista que había construido una parte del jardín de aquella magnífica vivienda había plantado los arbustos con el envoltorio de plástico blando, pero muy grueso, con el que vienen algunas plantas del vivero. No eran macetas, pero hacían el mismo daño, ya que impedían que las plantas expandieran las raíces, imposibilitando su desarrollo y a la larga acarreándoles su muerte.

Los dueños de la casa, mis futuros exvecinos, estaban estupefactos. No podían creer que su costoso paisajista hubiera metido tanto la pata. Y allí estaba yo, la chica que había descubierto el problema, que amaba los jardines y que estudiaba para un día poder diseñarlos.

No siempre tu gran oportunidad llega a tu puerta. A veces puede estar esperándote en otro sitio, y puede que no tenga la apariencia que tú deseabas. Puede que tengas que ponerte de rodillas bajo unos arbustos, ensuciar tus manos de tierra y escarbar un gran agujero sin otra intención que la de detectar un problema para ayudar a gente tan agradable como era aquella pareja.

Entonces llegó el instante, el primer gran momento de mi vida profesional como paisajista, y llegó en forma de una grata pregunta: «¿Monique, quieres diseñar nuestro jardín?».

¿Cómo iba yo a rechazar aquella gran oportunidad?

Me puse a trabajar enseguida, y mi mesa de la cocina pasó a ser mi tablero de trabajo durante largas semanas. Me guié por mis libros, que sirvieron para orientarme, darme ideas e inspirarme, pero sobre todo me dejé guiar por el instinto, ese instinto que nunca me ha abandonado en los momentos más importantes de mi vida. Y en el momento de crear un jardín yo soy puro instinto.

Un mes después me encontré con ellos para presentarles mi proyecto y mis ideas. Estaba muy nerviosa, temía que no les gustara lo que había ideado para su jardín, algo que me sigue pasando cada vez que presento un nuevo proyecto de paisajismo. Algo que, además, creo que me pasará eternamente; da igual cuánta experiencia tenga, o cuán impresionante sea mi último diseño, siempre estaré inquieta. Es inevitable, porque lo que hago es crear espacios para otras personas, con sus deseos, anhelos y necesidades. Por eso, por más que me encante el diseño del jardín que voy a presentar, nunca sé si a esas personas les gustará también.

Con el visto bueno de mis primeros clientes, me puse en acción para organizarlo todo: buscar mano de obra, materiales, logística de los materiales y de las plantas y, sobre todo, mí logística. Porque aún seguía estudiando y la universidad estaba a muchos kilómetros de distancia. Llegamos a un acuerdo y decidimos esperar al final del semestre, a las vacaciones de verano, para empezar y terminar la obra.

La espera se hizo infinita y la universidad se hizo muy pequeña. Cuando por fin llegaron las vacaciones y me puse a trabajar en aquel jardín, conocí por fin el significado de la palabra satisfacción. Lo había conseguido: era una paisajista.

El jardín quedó precioso. Con muchas plantas, cantidad de texturas, perfumes y sensaciones.

Una escalera de piedras naturales muy ancha y muy larga conducía a los invitados a la puerta de entrada, rodeada por gardenias, y pasaba por un impresionante «jabuticabeira» *(Myrciaria cauliflora)*, un increíble árbol muy brasileño y altamente ornamental. Se utiliza mucho por su delicadeza y elegancia; su tronco es normalmente ramificado desde la base, y añade mucho carácter a los espacios, quedando especialmente bonito cuando se ilumina desde abajo.

Es un árbol muy curioso porque florece y fructifica por todo el tronco y por las ramas, no como las demás plantas, en que los frutos suelen salir en la punta de las mismas. Esta es una característica muy particular y sorprendente de este árbol, ya que los frutos del tamaño de una oliva son absolutamente redondos y negros, además de deliciosos. Cuando el árbol está cargado es un espectáculo que no se puede perder.

Sin embargo, la gran protagonista del jardín era una sapatinho de judia *(Thunbergia mysorensis)*, una enredadera absolutamente exuberante y espectacular que planté en un rinconcito del jardín proporcionándole un soporte para que atravesara toda la rampa del garaje. Esa maravillosa planta tiene unas inflorescencias colgantes con flores en forma de zapatillas de color rojo por fuera y amarillo por dentro y en los bordes. Las flores de arriba del «racimo» van abriéndose, mientras las de más abajo se van desarrollando, lo que hace que la floración sea muy prolongada y la planta esté de seis a siete meses florida. Las hojas también tienen una forma muy interesante y un color verde intenso.

Era la reina del jardín y atraía todas las miradas.

Aquel jardín me abrió muchas puertas y siempre estaré muy agradecida a aquella pareja que supo confiar en mí para crearlo. Les tengo un cariño inmenso por su gran generosidad, por la confianza de darme una oportunidad sin saber si yo sería apta para la tarea que me encargaban. Ellos me han permitido y ayudado a empezar a ser la persona que, desde lo más profundo de mí, deseaba ser. Siempre me ha gustado pensar que vieron en mí un destello de la necesidad que sentía de crear, de hacer arte con las plantas.

Siempre consideré importante estar con los ojos muy abiertos para cuando llegara mi momento, y nunca he renunciado a intentar que la ocasión me encontrara preparada. No me he pasado la vida esperando a que llegara la suerte. Hay que estudiar, trabajar, buscar que tu pasión se haga realidad. Yo fui a buscarla. La perseguí. La acosé, más bien. Porque como dicen en mi tierra, confío más en el trabajo que en la suerte.

Pero debes cultivar tus logros y tus avances, y una de las mejores formas de hacerlo es sabiendo reconocer que por más valeroso, decidido e independiente que seas, las demás personas son inherentes a tu vida. Son claves su apoyo, su confianza, las oportunidades que te brindan, todo lo que te enseñan. Ser grato es la mejor manera de multiplicar los logros que uno alcanza, tanto en cantidad como en magnitud.

Si no sabes demostrar o, lo más importante, realmente sentir una auténtica gratitud hacia las personas que forman parte de tu historia, que te ayudan a recorrer tu camino, entonces estarás sembrando en arena.

Y como un bello jardín recién plantado, si el suelo donde está fundamentado es débil, carece de sustancia, no está bien abonado o estructurado, pronto todo el jardín perecerá y el trabajo habrá sido en vano.

Sin embargo, cuando el suelo tiene buen fondo y es productivo, puedes plantar sin miedo, porque las plantas crecerán fuertes y con ganas y pronto cosecharás sus frutos.

Floración
espectacular
dos
veces al
año.

Muchos
colores
y tipos
de vistosas
flores.

trepadora

de ramas volubles
y delicadas.
Las raíces mejor
si están bajo
la sombra.

Uso
en vallas,
muros y
pérgolas

Clematis spp

Clemátide
(Clematis spp.)

«En ciertos oasis el desierto es solo un espejismo.»

MARIO BENEDETTI

i primer jardín en la urbanización tuvo un gran éxito, no solo entre sus habitantes sino también entre los vecinos. La casa estaba ubicada en una esquina casi estratégica de la urbanización. Muchos vecinos pasaban por delante en el bullicio del ir y venir de sus vidas, y algunos de ellos paraban a preguntar al dueño de la casa quién había hecho aquel precioso jardín.

Gracias a eso, los clientes no paraban de llegar por indicación de mis primeros clientes y yo me sentía abrumada con todo aquello. Al fin y al cabo aún estaba estudiando, y lo hacía muy lejos de allí.

Mientras tanto, en la universidad el tiempo pasaba cada vez más lentamente. Aquel semestre por fin y oficialmente tendría clases de paisajismo. Pero fue un verdadero desastre. Se notaba que la profesora sabía muchísimo de la materia, yo la había investigado un poco y su ciudad natal era vecina de la de mis padres. Era asesora paisajística en el Ayuntamiento, y en los jardines de la ciudad se notaba bastante su mano, pues eran los más bonitos en un radio de setenta kilómetros. Pero también se veía a la legua que no quería soltar prenda. Enseñaba los conceptos básicos del paisajismo, a los cuales podías acceder a través de cualquier libro de la biblioteca, y nada más. Me hacía sentir muy frustrada, porque yo quería que enseñara la magia, que fuera más allá de las palabras vacías y sin sentimiento que pronunciaba durante las clases.

Éramos muy pocos a los que nos interesaba el tema, pero era tal la falta de pasión de la profesora que los otros pocos perdieron el interés rápidamente. Es un poder enorme el que tienen los maestros de hacer que alguien se apasione por un tema o que lo aborrezca eternamente.

Un día que ella estaba más inquieta de lo normal y los alumnos no paraban de entrar y salir de la clase, se enfadó y empezó a insultarnos, a llamarnos hijitos de papá y pijos de remate. Me quedé fría con su actitud. Y yo, la rebelde anarquista que era durante mis años en la universidad, la que siempre estaba enfrentándose a los profesores que consideraba unos déspotas, le dije que se estaba pasando y que bajara los humos, que no todos allí éramos pijos o hijos de granjeros acaudalados, que ya estaba bien con tanta mala leche.

Bueno…, me invitó a que me retirara de la clase y me hizo un tachón de por vida. Así que allí estaba yo, que por ser tan insolente y creer que valía la pena defender a los que habían hecho de mi primer año en la universidad un infierno, por defender a unos cuantos a los que ni siquiera les caía bien, personas a las que no les importaba en absoluto, una chica que había hecho lo posible y lo imposible para ser paisajista, para vivir del arte de crear jardines había conseguido que la profesora de paisajismo me detestara. Cosas que pasan cuando eres joven, insensato y muy torpe.

De modo que no iba a conseguir ninguna práctica en el departamento, y en las clases no iba a aprender mucho más que lo que podía enseñar un manual básico de paisajismo. Sin embargo, tal vez esa fuera la clave de todo, porque forzosamente me hice autodidacta. Fui comprando libros y más libros de todos los temas que estuvieran mínimamente relacionados con las plantas y los jardines. Pero, sobre todo, me fui forjando una gran experiencia con todos los proyectos que iba desarrollando en la urbanización, en las obras. Porque en realidad el paisajismo es una profesión que se aprende mejor en acción, me imagino que como casi todo en esta vida. Así que mejores lecciones que en aquella época no he aprendido.

Cuando había hecho ya unos cuantos jardines en aquel complejo urbanístico y tenía otros cuantos en proceso de diseño, el vecino de al lado de la casa de mis primeros clientes terminó la obra de construcción de su vivienda y contactó conmigo para que le hiciera una propuesta de paisajismo. Tenía un jardín delantero y otro en la parte de atrás de la casa.

Como les suele pasar a muchos creativos novatos, entregamos nuestras ideas, propuestas, proyectos e ilusiones a los clientes potenciales sin haber cobrado por todo el trabajo que hemos realizado. Intentamos apuntar la mirada más lejos y sencillamente confiamos. Presentaciones llenas de detalles, imágenes y conceptos. Todo con la intención de convencer al cliente de que nuestro trabajo es lo mejor que va a encontrar en el mercado.

Como ya tenía algo de experiencia, el proyecto y los bocetos a mano alzada que le presenté a aquel señor (llamémosle H.P.) encerraban mucho de mi estilo, una gran calidad y sobre todo la confianza de que lo que le entregaba era un trabajo bien hecho. No había la menor posibilidad de que él contratara a otra empresa para hacerle el diseño del jardín, de eso yo estaba absoluta e ingenuamente segura. Lo que no había aprendido aún en mi corta vida profesional hasta ese momento es la cantidad de aprovechados y rastreros que hay en este mundo.

Siempre mostraba dudas sobre eso o aquello; reuniones y más reuniones para explicarle cómo iba a hacer cada cosa, qué plantas iba a utilizar, qué materiales, qué tipo de césped. Su excusa era que le costaba mucho visualizar el resultado porque no tenía visión espacial y necesitaba concebirlo bien todo antes de tomar una decisión. No es que no quisiera contratarme, ni mucho menos, decía. El problema era que quería imaginar el proyecto al completo, decidir si le gustaba o no. Luego, si no era el caso, pedirme modificaciones, pero que diera por hecho que el jardín lo iba a construir yo, me prometió.

Lo que yo no vi venir desde mi excesiva confianza, o desmedida ingenuidad e inexperiencia en engaños, fue que lo que aquel hombre hacía era preparar el terreno para sembrarlo él mismo, figuras retóricas a un lado.

Llegaron los exámenes finales de la carrera y estuve una temporada sin volver a casa, le llamé algunas veces para ver si necesitaba alguna aclaración más y me dijo que estaba todo correcto, que ya hablaríamos cuando volviera por allí.

Un par de semanas después de haberle llamado, por fin pude volver a casa. Como había dedicado muchísimas horas de mi tiempo y una cantidad inmensurable de ilusión en diseñar aquel jardín, decidí pasarme por el mercado de plantas y comprar algunas de las que tenía planificadas en el proyecto, y enseñarle a aquel dubitativo futuro cliente dónde pensaba plantarlas.

El mercado de plantas se había transformado en prácticamente un sitio de trabajo y yo ya tenía mis puestos favoritos donde comprarlas. Había hecho muchos amigos y me divertía mucho en aquel entorno. Sin embargo, dentro de mí nada había cambiado; cada vez que entraba en el gigante pabellón, mi corazón aún saltaba más fuerte dentro del pecho. Es probable que de haber seguido en Brasil eso no hubiera cambiado jamás. El sitio es digno de la magnitud de sensaciones que transmite.

Estuve poco rato. Cuando creí que ya tenía lo suficiente, cargué la camioneta pick up que tenía y me marché en dirección a la urbanización.

Una de las plantas que había elegido para el jardín, y que había comprado aquella madrugada, era una preciosa y delicada enredadera, con un tallo que crece bastante, con las hojas caducas y justas para captar la luz, pudiendo así realizar la fotosíntesis. Su principal atractivo son unas flores impresionantes: grandes, duraderas y primorosas. Esa enredadera *(Clematis spp.)* produce flores en forma de plato de todos los colores, desde el blanco, pasando por varios tonos lilas y fucsias. Puede tener flores sencillas con pocos tépalos (sépalos con forma de pétalos), o flores dobladas con una profusión de los mismos. Son unas plantas muy delicadas que necesitan que las raíces estén bien abrigadas del calor del sol, de lo contrario se cuecen.

No la había visto por ningún jardín del vecindario, y aposté por ella para aquel proyecto. Una novedad tan exquisita no podría fallar.

Con el corazón en un puño, me fui acercando a la vivienda, pero mis ojos, aunque muy abiertos, no podían creer lo que veían. Mi pensamiento era que solo podría tratarse de una ilusión, un desvarío o una pesadilla.

Allí estaba mi jardín, las plantas que había elegido, cada roca en el sitio que yo había planificado, cada árbol, los caminos, mi enredadera... Mi proyecto al completo, tal cual había salido de mi mente y de mi corazón, estaba totalmente construido como si lo hubiera plantado yo.

Aparqué delante, pasé unos momentos sin fuerzas para salir del coche, y cuando bajé temblaba mi cuerpo entero. Estuve parada en el centro del jardín mirando todo a mí alrededor, analizando cada centímetro de aquel pequeño oasis hecho con un proyecto robado, maldiciéndome por no haber sido capaz de ver venir aquello.

El estupor se transformó en cólera, un arrebato que me subió desde los pies, que casi flotaban sobre el césped recién plantado, hasta el rostro. Sentí cómo me ponía roja de furia, así que aproveché el impulso y llamé al timbre. Con la cara más plácida que tenía, el señor H.P. abrió la puerta y como si se tratara de una desconocida que venía a venderle enciclopedias me preguntó que deseaba.

Quien me conoce íntimamente sabe que tengo un mal genio considerable, sobre todo cuando me provocan. Lo fui desarrollando y perfeccionando en los años de universidad, asignatura en la cual saqué un notable. Creo que el señor H.P. vio que yo no estaba para bromas, probablemente porque yo debía de tener algo parecido a una mirada asesina, y decidió de repente que tenía que irse a un compromiso. Le dije que fuera al menos una persona decente y que explicara por qué había ejecutado mi proyecto sin decirme nada y, obviamente, sin haber pagado absolutamente nada por él.

Con un tono condescendiente y con toda la perversidad que puede existir dentro de personas como aquella, me dijo con descaro: «Deberías darme las gracias por enseñarte una lección valiosa que te servirá para los años futuros de tu vida profesional. No vuelvas a dejar planos, bocetos e imágenes de tus proyectos a nadie sin haber cobrado antes algo por ellos». Y así, sin más, cerró la puerta delante de mis narices.

La madre que lo parió.

Pocas veces la desfachatez de alguien me ha dejado tan helada como en aquel momento me dejó la de aquel hombre indecente. Ni siquiera intentó excusarse, contar alguna historia sin pies ni cabeza. Soltó su sentencia como lo hubiera hecho un juez supremo y adiós.

Las lágrimas se me escurrían por dentro, por el revés de la piel. No iba a permitir que aquel despreciable ser humano me viera a través de su ventana llorando.

Fue mi primera, aunque muy lejos de ser la última, decepción profesional.

Con una mezcla de rabia, impotencia, tristeza, aprensión y un corazón desolado, subí al coche y salí de allí. Conduje como una autómata hasta la tienda de mi padre, tenía que contarle a alguien lo que me había acabado de pasar, necesitaba que alguien me dijera que no tenía importancia lo que habían hecho con mi trabajo, que ya vendrían días mejores.

Así fue, mi padre me dijo todas esas cosas y alguna más sobre la gente sin carácter, sin vergüenza y sin honor.

Pero la verdad es que sus palabras no surtieron mucho efecto, esta vez no. Estaba estupefacta. ¿Cómo era posible que pudieran estropear algo tan bonito como la intención de mi trabajo en sí, que es crear rincones de paz y relajación para las personas? ¿Cómo era posible que aquel hombre me hubiera robado mi jardín para ahorrarse unos pocos duros?

Como siempre hago en estas circunstancias me puse a desarticular lo ocurrido, a intentar partirlo en mil piezas para ver si así era capaz de comprender las razones que llevan a alguien a ser tan cruel y ajeno a los sentimientos de los demás. Pero no llegué a entenderlo jamás. Simplemente hay personas que funcionan así, el mundo está lleno de ellas, y no hay nada que puedas hacer para cambiarlo, excepto aprender a reconocer a este tipo de gente e intentar evitarlas todo lo que puedas.

Ojalá pudiera decir que aprendí la lección y que aquello no volvió a ocurrir, pero sería mentira. Aún tuvieron que engañarme unas cuantas veces más para que aprendiera a valorar mi tiempo y mi trabajo y no entregar nada a un cliente que no se involucra conmigo lo suficiente como para pagarme una señal por el proyecto.

El tiempo acaba por enseñarte. La pena es que algunas veces para ello, para que aprendas, tienes que dejar de ver la magia y ver la realidad tal como es, lo que con el tiempo y, si te dejas llevar, puede conducirte a una espiral de decepción y resentimiento. Por eso hay que practicar el no esperar tanto de los demás, no apoyando en ellos nuestras expectativas. A veces el comportamiento humano no responde a coherencias y carece de sentido.

Sé tú la mejor versión posible de ti mismo, haz las cosas con pasión, confiando en tu potencial pero sin esperar que los demás sepan valorarlo invariablemente. No se trata de que los demás sepan agradecerte, se trata de que tú sepas que lo has dado todo y que pronto verás y verán los resultados.

Cuando miras un árbol en el bosque solo observas una parte de su organismo. Lo que tus ojos no pueden ver es el intrincado sistema radicular que ha ido desarrollando bajo el suelo, donde reside su auténtica fuerza. La parte superior de un árbol atesora la luz y produce oxígeno, además de acaparar todas las miradas, mientras las ocultas raíces fijan la planta al suelo. Sin embargo, las raíces, aunque no se vean, son primordiales para su supervivencia, porque son las responsables de absorber agua, nutrientes y minerales, conectando la planta con la tierra y con los microorganismos existentes en el subsuelo.

La semilla cuando germina es astuta y desarrolla primero la raíz, lo demás solo viene más adelante. Hay que ser como las plantas. Desarrollar nuestra fuerza discreta y lentamente, mientras todos creen que somos únicamente frágiles hojas y flores efímeras.

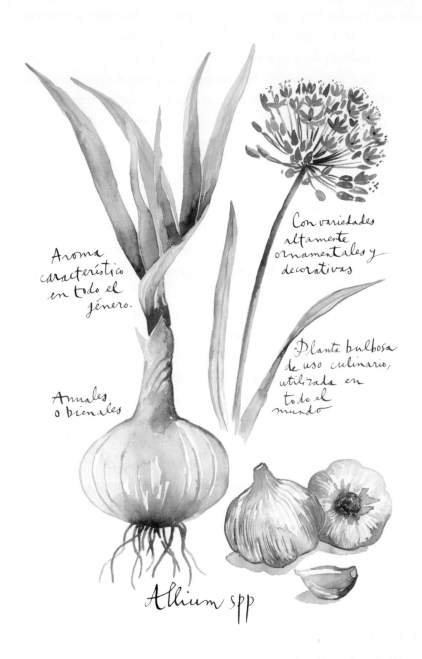

Aroma
característico
en todo el
género.

Con variedades
altamente
ornamentales y
decorativas

Annales
o bienales

Planta bulbosa
de uso culinario,
utilizada en
todo el
mundo

Allium spp

Ajos
(Allium spp.)

«En el corazón de todos los inviernos vive una primavera palpitante,
y detrás de cada noche, viene una aurora sonriente.»

GIBRAN JALIL GIBRAN

*D*urante mi infancia, mis abuelos paternos vivían en el mismo barrio que nosotros antes de que nos mudáramos al centro de la ciudad. Luego, cuando se jubilaron, la gran ciudad se quedó atrás y ellos se recogieron en un pueblo de la costa de Sao Paulo, buscando disfrutar de un merecido descanso, vivir tranquilos y sin miedos.

Cada vez que me contaban un poco de la historia de su vida en España y las hazañas de sus principios en Brasil, infundían en mí un indescriptible deslumbramiento. Se generaba en mí una profunda y arraigada admiración por todos los sacrificios hechos y por la fortaleza que habían tenido.

Sobre el año 1962, mis abuelos, mis dos tías y mi padre desembarcaron en el puerto de Santos. Fue un viaje tremendamente largo y agotador de dos semanas en un transatlántico que les llevaba en dirección a un mundo extranjero. Salieron en tren desde Madrid a Barcelona y allí embarcaron con destino a la tierra tropical donde nací yo. Mi padre, que en aquella época tenía cinco años, me cuenta que lloró todo el camino, le dominaba el miedo a lo desconocido y todo lo que traería consigo esa nueva vida. No quería dejar España, que vivía un momento difícil, intentando remontar de una crisis, tengo entendido. La emigración estaba en su auge y esta fue una de las razones que motivó a mis abuelos a marcharse en busca de nuevos horizontes. Seguir luchando, pero con nuevas posibilidades. Cogieron a sus tres hijos y dejaron atrás la tan amada patria. Uno suele pensar e intentar imaginar cuánto valor se necesita para dar ese paso, pero hasta que no lo sentí en mis propias carnes muchos años después, no pude entender realmente la magnitud de la experiencia.

Como suele pasar en estas circunstancias, el fin de un viaje solo es el principio de otro y volver a empezar no fue fácil. A decir verdad, el comienzo fue realmente arduo. La distancia de los familiares y amigos, un idioma distinto, costumbres ajenas, todo eso no suele ser coser y cantar exactamente. Aparte, un timo en el puerto de Santos hizo que se quedasen sin el poco dinero que llevaban y estuvieron viviendo durante un tiempo de ayudas de gente de buena fe de aquí y de allí. Tuvieron que arrancar de cero.

Mi abuela Rosalía, mujer valiente y decidida, no permitió que la familia perdiese la esperanza. Tablero en mano, buscó un hueco en un mercadillo y se puso a vender; a los ajos se sumó el perejil. Luego, «ampliando el negocio», se buscó un tablero más grande, y con el beneficio de los ajos empezó a vender otras cosas: chorizos, longanizas, aceitunas… Siguió la ampliación hasta tener todo un puesto de charcutería con varios trabajadores.

Los hijos tuvieron que ayudar a costa de abandonar los estudios. La vida de mis abuelos y de mi padre se resumía en montar y desmontar el puesto e ir de un mercadillo a otro. Mucho trabajo, mucho sudor, mucha ilusión y ganas de vencer. Habían creado su pequeño imperio. Del puesto pasaron a un mercado, y luego a una tienda, que con los años llegaron a ser varias.

Yo crecí en este ambiente, el de luchadores. Crecí oyendo historias de una familia que no se dejaba abatir por nada; esta fue mi educación.

Los cuentos que me contaba mi abuela nunca se desarrollaban en castillos o en mundos de fantasía. Pero sí en su tan amada España. En la rosaleda del Retiro, en los jardines de Aranjuez, o en los pinares del colegio de monjas donde estudió. En aquellos árboles a los que se subía para poder mirar más lejos.

Tanto oír hablar de esta patria no me dejó lugar a dudas: un día tendría que conocer el país del Viejo Mundo que tanto hacía cosquillear mis sueños. Visitar cada uno de los rincones amados por esta increíble mujer. Cuando viajé a él por las prácticas en Valencia, lo entendí todo. De repente tenía sentido que aquellos ojos verdes se llenaran de lágrimas cuando hablaba de sus vivencias en tierras castellanas.

Desde que había vuelto a Brasil mi corazón permanecía dividido, algo seguía llamándome en España. Deseaba unir mi pasión al deseo de revivir historias en todos aquellos sitios tan anhelados por mi abuela. Quería ir a España, pero dejar todo atrás es una decisión «sencillamente difícil». Sabía que si lo hacía tenía que hacerlo solita y, aunque siempre he disfrutado de mis momentos de soledad, es algo muy distinto cuando buscas estar sola porque lo necesitas, porque tus pensamientos demandan espacio y paz para ordenarse, o porque quieres conectar con la naturaleza buscando respuestas para tus propias agonías e inquietudes. Sabes que puedes evadirte de todos buscando quietud y recogimiento pero que en cualquier momento puedes volver a estar con tu gente, con tus brazos y tu alma abierta.

Sin embargo, la soledad es algo turbadora cuando no tienes brazos a los que correr. Cuando es impuesta. Cuando no te queda otra elección. Yo sabía que marcharme de Brasil iba a acarrear momentos de soledad como yo jamás hubiera podido vislumbrar, y eso me frenaba. Me frenaba dar un paso tan grande, por más fuerza e ímpetu que sabía que tenía.

Mi abuela me inspiraba, mi abuelo me incentivaba, pero mis hermanas, mis primos y mis amigos me sujetaban. No digo físicamente, porque lo que sujetaban era mi espíritu; veía muy gris y borrosa mi vida tan lejos de ellos.

El resto de mi familia me había rechazado al romper con la iglesia de mis padres, era una paria para ellos, cosa que me dolió muchísimo en su momento. Pero la libertad de vivir bajo tus propias normas y no las de una iglesia dominante, posesiva y controladora me apaciguaba el pesar de que me hubieran apartado de sus vidas.

Un día, viéndome tan inquieta, mi abuela entendió que algo se removía en mi interior. Supongo que conocía bien las dudas que me atormentaban, ella misma las había albergado en su momento. Entonces me volvió a contar la historia del tablero de ajos. Luego me dijo que probablemente me sorprendería su flor y la gran variedad de especies de *Alliums* que había, de las cuales algunas incluso se utilizaban de forma únicamente ornamental.

De repente cambió su actitud amable de abuela y se puso muy firme en la silla. Me enseñó un bulbo y fue poco a poco separando los dientes de ajo.

Sin pestañear ni un instante, apuntándome un diente de ajo entre los dedos y con una mirada fija muy fiera me dijo: «Tú eres una Briones, nunca dejarás de serlo por más que te separes de nosotros. Eres como un diente de ajo, capaz de generar otra planta sin depender de los demás dientes. Eres intensa, dejas tu esencia en quien te toca, y un sutil aroma que persiste en el tiempo. Punzante a los que se atreven a morderte, medicinal para los que te necesitan y saben apreciarte. Tú eres parte de esta familia, pero si crees que tu sitio es otro, no dudes en buscarlo. Brotarás y crecerás fuerte donde sea, porque eres nieta mía».

Me puse a llorar. No pude contener las lágrimas. Llevaba mucho tiempo con un nudo en la garganta, sentía que no encontraba mi lugar en el mundo, pero solo el imaginar estar tan distante de los míos me hacía estremecerme.

Decidí hacer un experimento.

La variedad del ajo culinario no siempre produce flores, eso es lo que había aprendido en la universidad.

Cogí aquel diente de ajo con el que mi abuela me había cariñosamente retado y me lo llevé a casa. Al llegar, llené una vieja maceta con tierra abonada y metí aquel diente dentro. Lo mojé y esperé.

Siempre me ha gustado hacer apuestas con la naturaleza, dejar que ella decida por mí. Es un hábito algo tonto e infantil, pero que me ha resultado casi siempre infalible y muy positivo. La naturaleza siempre sabe lo que hace y la tierra crea vínculos con quien interactúa y conecta con ella, ayudando a que conectes contigo mismo. Por eso confío, me involucro y me entrego con pasión cuando hago mis jardines. Me gusta pensar que la tierra responde a mis actos.

La apuesta era muy sencilla, si la planta llegaba a florecer era una señal de que mi abuela tenía razón, y que tal vez mi sitio estaba a ocho mil kilómetros de allí.

Floreció, por supuesto que floreció. Dichoso dedo verde.

Florece a
principios
de primavera

Belleza
única

El árbol más
emblemático del
país tropical.

Nativo
de
Brasil

Handroanthus albus

Ipe amarelo

(Handroanthus albus)

La mayoría de las tardes, al volver de trabajar en la urbanización, me paraba en la tienda de mi padre a tomar un café y conversar sobre cómo nos había ido el día. Me pillaba a mitad de camino en dirección a casa y ya formaba parte de la rutina.

Delante de la tienda, plantado en la acera había un gran *ipe* amarillo, el árbol más emblemático de Brasil y cuya flor es símbolo del país. Florece al final del invierno allí, es decir, entre finales de agosto y mediados de septiembre. Con las ramas totalmente despojadas de hojas empieza a producir una profusión de flores en forma de campanillas y de un color amarillo muy vivo y llamativo. Aquella tarde había llovido y el suelo de la acera debajo de la copa del árbol parecía una alfombra por la cantidad de flores amarillas que había. Es un árbol absolutamente espléndido y el paisaje en aquellos momentos era magnánimo, con aquel contraste del amarillo de sus flores y el cielo tan gris de la tormenta que se alejaba.

Tomábamos un café y charlábamos tranquilamente detrás de la vitrina de la tienda, cuando vi que del rostro de mi padre se iban los colores. Seguí su mirada y creo que también el mío se volvió lívido. Un par de hombres de aspecto dejado, con los ojos inyectados en sangre, se estaban adentrado en la tienda a gran velocidad y nos apuntaban con pistolas vociferando y repitiendo sin cesar que «calladitos les diéramos toda la pasta».

Mi padre reaccionó rápidamente para llamar su atención y que dejaran de mirarme, para que se centraran en el atraco y olvidaran que estaba yo allí. Empezó a moverse, alejándose y alejándoles de mí y acercándose a la caja de la tienda para darles todo el dinero que había dentro.

No era la primera vez que pasaba algo así en nuestra familia, y tampoco fue la primera vez que mi padre se puso entre unos atracadores y sus hijas.

La última vez que había pasado, la situación fue bastante más tensa. Estábamos despidiéndonos de unos amigos en la puerta de la casa de mi abuela, donde celebrábamos un cumpleaños, cuando dos atracadores aparecieron a toda velocidad con armas en la mano gritando que les diéramos la llave del coche que estaba aparcado delante. Jóvenes y perdidos nos pusimos a llorar y a mirarnos unos a los otros sin saber qué hacer; todo duró solamente unos pocos segundos, pero cuando nos dimos cuenta uno de los atracadores ya se había metido dentro de casa buscando al adulto que tenía la llave del coche.

Mis padres, abuelos y tíos estaban sentados tranquilamente en el salón, disfrutando de la velada y el susto fue tremendo cuando aquel hombre se puso a gritar que quería la llave del coche. Es increíble la habilidad que tiene mi padre para reaccionar en momentos así. Rápidamente sacó la llave del bolsillo y se la entregó para que el hombre se fuera de la casa.

Unos instantes bastaron para que mi padre se diera cuenta de que no le había entregado la alarma del coche, que se había roto soltándose del llavero y siempre la llevaba separada. Nosotros ya estábamos todos dentro y los ladrones se estaban metiendo en el coche para largarse cuando mi padre apareció con el semblante atemorizado y cerró la puerta de madera de la calle de un golpe. Él sabía lo que iba a pasar pero ya no podía evitarlo.

La alarma del coche empezó a sonar de una forma que hizo que nuestros corazones se callaran por unos breves momentos. Los delincuentes se pusieron como locos y empezaron a darle patadas a la débil puerta para abrirla. Mi padre se puso detrás de ella para evitar que pudieran tirarla y entrar, lo que hubiera sido una verdadera desgracia dado lo enfurecidos que estaban aquellos hombres.

Oímos un disparo y luego varios más. Imaginamos que estarían disparando contra la puerta. Una puerta que no debería de tener más que unos centímetros de espesor y a la cual mi padre estaba pegado. Y allí estuvo, implacable, como si de un escudo de acero se tratara.

A lo lejos empezaron a sonar sirenas de los coches de policía, alguien les habría llamado, y los ladrones se dieron a la fuga.

No hay que decir que a todos nos trastornó muchísimo aquella experiencia. Aquel era nuestro barrio de la infancia, donde jugábamos al fútbol en la calle, donde hacíamos volar las cometas con total libertad. Pero el barrio había cambiado, la ciudad había cambiado y, después de aquello, nosotros también.

En la tienda de mi padre, viendo cómo conducía a los ladrones hacia su persona y acordándome de los disparos de aquella otra noche, pensando que allí no había una puerta entre ellos, solo pude desconectarme. Alejar mi mente. Fijé mi mirada en el *ipe* amarillo de la acera y creo que un largo instante no fui capaz de parpadear, o incluso de respirar.

Miraba al árbol que representaba tanta belleza e intentaba disociarme mentalmente de aquella situación. En un atraco en Brasil nunca sabes lo que puede pasar, nunca sabes cuál puede ser su desenlace.

Presentí, sin mirar, cómo con el botín en la mano aquellos delincuentes se escapaban corriendo de la tienda y vi como pasaban delante de mi visión, pisoteando con sus viles pies las flores de la acera, rompiendo su magia y su anterior encanto. Dejándome grabado en la retina el miedo a algo que antes había sido infinitamente bello.

Estábamos bien, una vez más habíamos superado la situación de intenso riesgo. Pero no pude evitar registrar la mirada de mi padre en lo más profundo de mi ser. Una mirada que callaba pero que, sin embargo, lo decía todo.

Retrataba la impotencia que sentía, la indignación, el estupor.

Yo me quedé como adormecida, me invadía un cosquilleo que empezaba en la nuca, bajaba por los hombros e iba poco a poco dispersándose hasta llegar a los pies. Unos pies que querían salir corriendo, o de ser posible incluso se hubieran echado a volar.

Aquello ya rozaba lo insostenible. Para mí vivir con miedo, vivir mirando por el hombro si no te siguen por la calle, no parar en los semáforos cuando conduces de noche, tener que estar siempre alerta, vivir así, para mí, no era una opción. Porque no era vivir, era sobrevivir, era dejar que el tiempo tan corto y valioso que tenemos en la tierra se escurriera por entre mis dedos. El miedo empezó a forjarse dentro de mi conciencia para transformarse en valor.

Pasado poco tiempo de aquel atraco y un poco antes de Navidades, sin pensar mucho en lo que estaba haciendo, saqué un billete de solo ida a España. La fecha de vuelo era para un par de meses después, y aquella decisión fue algo mecánica e impulsiva. No quería recapacitar sobre todo lo que iba a dejar atrás, llevaba jugueteando con la idea de marcharme desde hacía mucho tiempo, demasiado, la verdad, sin haber encontrado el valor suficiente para hacerlo.

La decisión vino empujada por un impulso, debo decir, completa y serenamente alentada por una tracción que me conducía. Pero fue una decisión muy consciente de que lo que iba a hacer era dar un paso más, un inmenso paso en dirección a la vida que quería vivir.

Había mucho que tener en cuenta, mucho que sopesar e intentar pre-ver. No sabía lo que me esperaba, pero sí tenía claro lo que iba a dejar atrás e intenté no pensar mucho en ello.

Las razones por las cuales mis abuelos se sintieron empujados a mar-charse de España eran muy distintas de las que en aquellos momentos me instigaban a dejar Brasil. Pero el paso que iba a dar era igual de arriesgado, y lo iba a hacer sola. Sin embargo, había algo muy recóndito y penetrante, una sensación muy transcendente de que lo que iba a hacer era exacta-mente lo que debía hacer, y que mi lugar estaba a muchos kilómetros de distancia de allí.

Aquel fue el último verano que pasé en mi amada tierra tropical. Las últimas Navidades y la última Nochevieja en la orilla del mar, saboreando una vitalidad que solo eres capaz de sentir cuando pruebas lo que es reci-bir un nuevo año con los pies metidos en el agua del mar. Desde hacía muchos años celebrábamos las Navidades en la casa de la playa. Toda la familia reunida en una casita perdida en medio de la selva celebrando el paso de otro año más. En Brasil las Navidades coinciden con las vacacio-nes de verano, el ambiente es muy distinto al de las festividades navideñas en España y los demás países del hemisferio norte.

Durante la Nochevieja del 2006 estuve un largo rato sola en mi primer jardín. Sentada en las ramas más altas de uno de los árboles que había plantado tantos años antes, oyendo los ruidos de la selva y mirando el cielo tan estrellado que tardaría mucho en volver a ver, ya que incluso de eso tendría que despedirme: mi cielo, tal como lo veía, ya no sería el mismo que el de las personas que amaba tanto. Alejé el pensamiento con un resoplo, aún nos quedaría la luna.

Hice un ademán de bajarme del árbol cuando vi cómo una estrella demasiado baja empezó a parpadear, luego otra y otra más.

Bioluminiscencia.

Una marea de luciérnagas había conquistado el jardín, y el tiempo se paró. Permaneció intangible y sagrado. No había nada de brisa, ni tampo-co demasiado calor, era un momento perfecto, sublime. Volví a acomodarme en mi árbol para disfrutar del espectáculo que me regalaba la vida una vez más.

Tengo la sensación de que para cualquier persona, no importa que sea un incrédulo o un escéptico de la humanidad, resulta muy complicado intentar evitar que le surja una sonrisa cuando tiene la suerte de cruzarse con luciérnagas en un sendero, cuando estas surgen sin más mientras se está sentado disfrutando del caer de una cálida noche de verano en el porche o en el jardín. ¿Qué tienen esos seres mágicos que son capaces de hechizar a todos con su parpadear, con su aparecer y desaparecer?

La primera vez que las vi también fue en aquel jardín, años antes. Fascinación es la única palabra que encuentro adecuada para describir la sensación que me invadió. ¿Cómo podía aquello ser posible? ¿Sería una estrella que habría bajado a la tierra? Mi cerebro tardó varios segundos en procesar lo que veía, en digerir que algo pudiera recoger tamaña belleza.

Primero ves una, que es la que te sorprende. Luego otra y algunas cuantas más… En pocos instantes estás rodeado de pequeñas oscilaciones de magia en una de las muchas veredas de la vida.

Luego te pones a perseguirlas porque quieres ver cómo funcionan, ver cómo es el pequeño ser que tiene la capacidad de generar luz propia. Las encierras en un bote de cristal en un vano intento de poseer la magia que desprenden, únicamente para darte cuenta minutos después de que la estás matando, ya que cuando las aprisionas se encienden solamente unas pocas veces más. Aprecias que es un insecto muy normal y te decepcionas, porque esperabas ver algún tipo de hada. Pero no lo sueltas, no lo devuelves a la libertad que antes disfrutaba, porque en tu interior habita una esperanza de que vuelvan a encenderse exclusivamente para ti.

Las noches siguientes buscas más luciérnagas, ansioso por volver a encantarte con el silencioso espectáculo de luces de la naturaleza. Pero cada día las ves menos, y crees que es por haberlas capturado alguna vez, sin entender que fue al tocar el entorno donde habitaban cuando has contribuido a que dejen de encontrarse. Ya que las luciérnagas no migran, huyen o buscan otro sitio. Ellas simplemente desaparecen en la noche oscura, dejan de brillar y luego de existir.

¿Los culpables?

Nosotros sin lugar a dudas, con nuestro estilo de vida insostenible, nuestra ansia de poseerlo todo, destruimos su hábitat natural, contaminamos con pesticidas y con demasiada luz. Una contaminación lumínica que las engaña, que las maltrata.

Hacía mucho mucho tiempo que no veía una por allí.

Volvieron a sorprenderme aquella noche y me puse a pensar si no las había vuelto a ver porque ya no estaban o si era porque yo había dejado de prestar atención.

Pero habían vuelto a mi vida, una despedida tal vez. Un enternecedor abrazo de aquel sitio que tanto significó en mi vida y al que, no lo sabía aún, volvería a estar solo una única vez más.

Aquel momento quedaría guardado en mi memoria para siempre como lo que era: un inestimable y afortunado recuerdo.

Un árbol noble
y de gran
pureza

Floración
explosiva
a finales
de invierno

La almendra
es utilizada en
la gastronomía,
en perfumería y
cosmética.
Muy buena para
la salud.

Hojas simples,
lanceoladas
y caducas

Prunus dulcis

Almendro

(Prunus dulcis)

«Dos caminos se bifurcaban en un bosque y yo, yo tomé el menos transitado, y eso hizo toda la diferencia.»

ROBERT FROST

Transcurrió casi un mes entero sin que me diera cuenta de lo que iba a hacer, era como si estuviera anestesiada. Parecía que el hecho de no tener un plan y solamente saber que quería trazar nuevos caminos en mi vida me bastara.

Pero cuando faltaban tres días para mi viaje, tres días para que abandonara todo lo que conocía y tenía por seguro, tres días para que dejara la seguridad de mi casa, el amor de mi familia, el abrazo de mis amigos, la compañía de mi perro, mi trabajo que tanto me enamoraba, me di cuenta.

Cerraba las maletas y *Resaca* (mi perro y eterno compañero) estaba allí como siempre pendiente, mirándome con expectativa, esperando que le dijera una vez más que íbamos de paseo. Me lo llevaba a todas partes y siempre que me veía coger las maletas sabía que se acercaba alguna nueva aventura y se animaba mucho, corría por todas partes dando saltos y brincos. Pero le tuve que decir que no. Que esta vez no vendría conmigo, que no podía ser.

Qué duro fue… Ver como bajaba el rabo y se tumbaba en el suelo al lado de las maletas. En ese exacto momento me di cuenta de lo que iba a hacer. El precio que tendría que pagar por perseguir mis sueños. Dejar todo atrás, absolutamente todo.

Los paseos con mi perro, los viajes de fin de semana a la playa, las cañitas con los amigos del barrio. Las largas charlas sobre la vida con mi padre, las peleas con mis hermanas pequeñas, los consejos de mi hermana mayor. Las pillerías de mis sobrinos y las risas con mi primo. Las dulces historias de mi abuela. Las amigas a la vuelta de la esquina, al alcance de las manos en cualquier momento de crisis. Los domingos de *feijoada* o de barbacoas, la caipiriña, la samba.

Mis adorados jardines.

Dios, que duro fue. Se me cayó el cielo encima. Me di cuenta de que estaba a punto de cruzar una línea totalmente desconocida, de empezar de cero en un país a miles de kilómetros de toda una vida, con una cultura totalmente distinta, con un idioma del que no hablaba ni una sola palabra, y totalmente sola. Sin poder contar con nadie más que mi valor.

Me derrumbé. Al igual que mi perro, que no quería comer, ni salir y se escondía bajo mi cama. Estuve llorando tres días. En ningún momento me arrepentí de la decisión que tomaba, ni siquiera me lo replanteé. Iba a irme, eso era un hecho. Pero lloraba al anticipar las *saudades* que sabía que iba a sentir. Al anticipar los momentos de soledad, añoro y nostalgia.

Hay canciones que cuando las oigo me llevan directamente a aquellos tres días, canciones que eran populares en la radio aquel año y que siempre que suenan me da un vuelco el corazón.

Qué duro es perseguir nuestros sueños. Cuánto trabajo, cuánto sudor, cuántas lágrimas y corazones rotos por el camino.

Aun así, hoy miro al pasado y veo cómo ha valido la pena emprender la aventura. Me enorgullezco de los resultados de mi determinación y cabezonería. Pero siempre estará el hecho de que me falta una parte del corazón. Lo dejé allí. Con los míos y en mi amada tierra de verde exuberante y cascadas gigantescas.

Hay días en que no tenerlos más cerca son más duros que otros. Mis hermanas pequeñas graduándose, mis sobrinos creciendo y empezando a tener novias, mis amigas casándose y yo perdiéndome sus bodas, momentos que ya no volverán… O cuando pasa algo malo y maldigo la distancia y los abrazos fuertes.

¿Pero quién dijo lo de coger el toro por los cuernos? Lo cojo cada vez que hace falta, y lo miro a los ojos. No me va a frenar. Porque en esta vida hay que tener valor. Los sueños no se cumplen solos. Hay que buscarlos y hacerlos realidad creando tú mismo posibilidades para que ocurran.

Con ilusión, motivación, una buena sonrisa y siempre, siempre recordando de dónde hemos venido, con gratitud por cada día y por los objetivos cumplidos.

Apreciar las cosas pequeñas es la mejor manera de ser feliz.

Hay un dicho en mi tierra que explica que no hay que cazar a las mariposas. Hay que crear un jardín y estar tranquilo, porque ya vendrán a visitarte. Yo he plantado mi jardín, y vivo rodeada de mariposas. El precio puede ser altísimo, pero todo merece la pena cuando el alma no es pequeña.

Desde luego despedirse de toda la familia en el aeropuerto no fue tarea fácil, ni mucho menos, pero debo admitir que cuando tuve que entregar a *Resaca*, al que llevaba en brazos agarrado como si fuera un chaleco salvavidas, entonces mi alma se partió.

Pasé por el control sin mirar atrás, no quería que mi familia pudiera ver cómo caían a borbotones mis lágrimas. Sin embargo, creo que el peor momento de todos fue cuando, una vez embarcados, se cerraron las puertas y el avión empezó a despegar. Entonces, y solo entonces, sentí todo el peso de la soledad. Observaba por la ventanilla cómo mi tierra se iba haciendo cada vez más pequeña y comprobaba cómo, mientras, mi corazón se iba haciendo añicos. ¿Estaba haciendo lo correcto? ¿Por qué tenía que irme? ¿Qué es lo que me llamaba tan fuerte y tan profundamente en España?

Cuando el avión aterrizó sentí tal frío en la barriga que me estremecí. No era como la primera vez que había ido. La otra vez había sido puro divertimiento, aventura e intrepidez. Entretanto ahora no tenía fecha para volver, no tenía un trabajo, ni ocupación. Sí tenía un sitio donde quedarme un par de semanas, ya que una prima de mi padre a quien siempre llamaré cariñosamente tía, me dio cobijo hasta que encontrara mi lugar; aunque tuviera donde vivir, no tenía muy claro el rumbo al que aquella apuesta me iba a conducir.

Saliendo del aeropuerto una sonrisa se formó en mis labios. Allí estaba aquel olor, el perfume de España, como lo llamaba. Cuando volví a Brasil después de mi primera visita al país y todos me preguntaban qué tal había sido la experiencia, les decía que lo que más me llamaba la atención de todo era lo diferente que olía el país de la paella. Se reían de mí, decían que eran sandeces. Pero allí estaba yo otra vez, sintiendo aquel aroma tan distinto al de mi tierra. Ni mejor ni peor, sencillamente distinto. Propio de un país con otro tipo de vegetación, otro tipo de suelo, otro tipo de alimentos, frutas y demás particularidades.

Al tercer día de haber llegado me puse a buscar trabajo. No tenía mucho dinero, y era fundamental encontrar algo para mantenerme.

Con un portafolio donde tenía algunos planos de paisajismo realizados hasta entonces y algunas fotos de mis jardines en Brasil, fui a visitar varios centros de jardinería en Madrid en busca de una oportunidad. En la mayoría de ellos ni siquiera me atendieron. Estuve una semana entera intentando encontrar trabajo en algún sitio donde pudiera dedicarme a seguir tratando con plantas y jardines, sin éxito.

Estaba a punto de empezar a buscar trabajo en otro sector, cuando recibí una contestación a un correo que había enviado a un famoso centro de jardinería de la capital madrileña; me pedían una entrevista de trabajo.

Al día siguiente, puntualmente y muy ilusionada, estaba en el centro esperando a que el señor Tal me entrevistara para el puesto de paisajista que tenían libre. Era un día gris, hacía un frío húmedo y caía una ligera llovizna en la calle.

El muy mal educado me hizo esperar una hora y cuarto antes de decirme que podía atenderme. Mientras tanto, estuve paseando por el centro mirando la vegetación y asustándome con la diferencia de precios en relación al mercado brasileño.

Hasta el día de hoy no entiendo por qué me hizo acudir a aquella entrevista, porque dejó bien claro desde un primer instante que no tenía intención de contratarme. Por más vueltas que le ha dado al tema no fui capaz de entenderlo jamás. ¿Curiosidad, tal vez? ¿Tenía un mal día y buscaba desfogarse con alguien? No lo sé. Lo único que sé es que pocas veces después de lo vivido con todos los acosadores escolares y los universitarios que tuve en mi vida, me he cruzado con alguien con tantas ganas de humillar a otra persona. Todas sus preguntas tenían un fondo estrictamente dañino y, al final, me dijo que cómo «puñetas» pensaba yo ser paisajista en España si ni siquiera sabía hablar bien el idioma del país. Es verdad que no hablaba perfectamente, pero me hacía entender, ya que desde pequeña he tenido contacto con el idioma a través de mis abuelos. Aparte, como no me sentía del todo segura, le había consultado a Ana Mari, mi tía, antes de irme, y esta me dijo que me fuera tranquila, que el idioma no sería un impedimento.

Pero aquel odioso hombre no paró allí. Le molestaban mis diseños, las plantas que había utilizado en mis jardines, el estilo de las casas en que había trabajado. Todo lo que le enseñé era para él una ausencia total de talento, y así me lo hizo saber. Para rematarme, me dijo que no me daría trabajo ni como dependienta para vender las plantas de su vivero y que dejara de soñar con ser paisajista.

Salí del lugar blanca como una hoja de papel y tan en pedazos como si la misma hoja la hubieran metido en una trituradora. ¿Qué estaba haciendo yo en España, entonces? ¿Para esto había venido? ¿Para que me destrozaran de tal manera? ¿Tan poco valía mi trabajo a los ojos de los demás?

Estaba tan segura de que conseguiría un trabajo en el paisajismo que no pensé qué pasaría si no obtenía éxito con mi búsqueda.

No fui capaz de ir muy lejos. Me senté en el banco de una plaza cerca del Bernabéu, temblando, sintiendo cómo la derrota recorría mis venas para depositarse en el fondo de mi alma. Eché de menos a mis hermanas, a mis padres, a mi perro. Quise salir corriendo, desaparecer de allí. Volver atrás en el tiempo y en el espacio.

Pero no podía.

Miré el estadio y pensé en cuántos partidos habría asistido en aquel lugar mi abuelo merengue, con su desmedida pasión. Pensé en lo duro que tenía que haber sido para ellos irse a Brasil, todo lo que habían pasado en sus principios y en que no se habían rendido por nada.

Me levantaba para marcharme a casa cuando un pétalo cayó en mi pierna. Luego otro en mi brazo y varios en el banco y por el suelo. Eran pétalos de un rosa muy pálido, casi blanco. Miré al cielo para ver de dónde procedían y no muy lejos de allí un árbol me sonreía en flores.

Me acerqué a él y me recosté en su agrietado tronco. Dejé que la ligera brisa le arrancara más pétalos y que cayeran sobre mí con suavidad. No sabía qué árbol era aquel. Nunca lo había visto antes. Así como muchos árboles y arbustos que veía por la calle y que desconocía. Mi esencia es tropical, mis plantas eran tropicales. De la misma forma que mis conocimientos por aquella época. Entendía lo suficiente de la fisiología general de la vegetación y de su sistemática, entendía de suelos, de riego, de abonado y fertilización, pero aún no conocía una gran fracción de la vegetación que me rodeaba.

Así que en parte aquel malvado hombre tenía razón. ¿Qué sabía yo de plantas y jardines en España?

Pero aquel árbol seguía cubriendo mi pelo con sus pálidos pétalos. Seguía presentándose, dándose a conocer. Seguía creando una conexión conmigo, porque eso es lo que hacía yo desde muy pequeña con la naturaleza de mi alrededor: crear una conexión con las plantas que se presentan en mi vida, dejarles que sean parte de mi historia, que me enseñen algo. El árbol me estaba enseñando que aunque el auge de su belleza podía residir en la época de floración, aquello era solo una etapa, que su real función llegaría pronto con sus frutos.

Mi tía luego me aseguró que el árbol era un almendro *(Prunus dulcis),* los primeros que florecían a finales de invierno.

Yo no tenía mucho dinero, así que tuve que resistirme a la tentación de salir a comprar libros sobre la botánica española.

Necesitaba un trabajo para seguir formándome, para seguir aprendiendo. Todas las plantas que conocía y utilizaba en mis jardines hasta entonces allí ya no servirían de nada. Eran plantas de interior. Pero ante todo, necesitaba un trabajo para poder pagar el alquiler que muy pronto llegaría, ya que solo podía estar en casa de mi tía otra semana más.

Me encontraba en un nuevo invierno en mi vida, es posible que el invierno más frío de todos. El verano se había acabado de repente con el simple hecho de cambiar de hemisferio, de haber elegido dar un giro a mi vida.

Los días iban a ser muy duros, gélidos e impasibles.

Pero yo ya no era una pequeña y frágil hierba.

Yo ya era todo un árbol, y un invierno, por más devastador que fuera, no iba a poder con toda la fuerza que recorre mis ramas.

Flores rojas extrañas
muy llamativas y flamantes.
Encienden
un jardín.

Espectacular
planta.

Trepadora
vigorosa si
encuentra las
condiciones ideales.

Zarcillo
en la
hoja.

Originaria
de África
tropical.

Gloriosa Superba

Gloriosa
(Gloriosa superba)

«El jardín le parecía extraño y le daba la sensación de estar
a cientos de millas del resto del mundo; pero no se sentía sola.
Su única preocupación era saber si las rosas volverían a florecer.
Ella no quería un jardín sin vida; lo quería cubierto de rosas.»

FRANCES HODGSON BURNETT

Después de aquel último intento fallido de trabajar con jardines o plantas, decidí que había llegado el momento de buscar trabajo en otra cosa. A veces no te queda otra opción que hacer que un sueño se detenga en el tiempo a esperar el momento de hacerlo realidad.

A los quince días de haber llegado al país, y muchas entrevistas después, conseguí trabajo y también una habitación en una pensión. No puedo negar que el hecho de ser hija de un español me facilitara las cosas, no soy una hipócrita y sé que si no hubiera tenido papeles posiblemente no hubiera sido fácil encontrar trabajo.

Pero tener un documento nacional de identificación no implicó ser tratada como una española. De hecho eso no llegó a pasar nunca. No importó que mi padre y mis abuelos fueran españoles, al principio yo no era otra cosa que una extranjera más en este país. Otra vez era la nueva, otra vez la rara.

Durante la primera semana de formación descubrí que el trabajo era de ventas puerta a puerta. Me costó mucho comenzar. Cuántos portazos e insultos puedes recibir trabajando en ventas a puerta fría, más aún si eres extranjera. Pero aguanté el tipo porque vender siempre me ha costado mucho, y me pareció un buen momento para aprender una aptitud valiosa para mi desarrollo personal y para mi futuro.

Cuando creí que ya sabía hablar suficientemente bien el español, que había perdido la timidez, el miedo a la gente y que vendía con mucho arte, decidí que era el momento de buscar otro trabajo. Entonces hablaba tres idiomas con fluidez, tenía una carrera universitaria, muchas aptitudes y varios sueños que alcanzar. Tenía que seguir moviéndome en dirección a lo que había venido a buscar.

Un puesto como secretaria y administrativa entremedias y pasé a mi tercer trabajo, que no estaba relacionado con el mundo del paisajismo.

Este puesto me gustó mucho y fue el culpable de que tal vez me acomodara demasiado. Tenía un buen jefe, un buen sueldo y muy buenas amigas. El ambiente de trabajo era muy relajado y divertido, en él aprendí buena parte de las palabrotas de mi vocabulario. Me dedicaba al diseño de la página web de la empresa, a diseños gráficos varios, a la gestión de un software propio de la empresa y muchas otras tareas que me permitían desarrollar todo mi potencial creativo. Un día mi jefe me preguntó si sabía utilizar algún programa de CAD ya que tenía una gran cantidad de terrenos donde quería construir y quería que yo le ayudara a distribuir las parcelas, las casas y los jardines en ellos.

Qué poco hizo falta para que mis ojos volvieran a brillar. Cuando dijo la palabra jardines me guiñó un ojo y fue como un soplo de aire fresco. Para mí fue como despertar de un coma, ya que en aquella temporada, que duró poco más de dos años, estuve como adormilada. Alejada de mis plantas, de mis jardines y de todo lo que siempre había querido lograr. Me había dormido. Tenía una pequeña terraza en el piso donde vivía y la había llenado de plantas. Aún necesitaba estar en constante relación con la vegetación, pero seguía sin poder trabajar con ella como deseaba. Fui poco a poco haciéndome a la vida cotidiana, aceptando la realidad que tenía delante, haciendo amigos, empezando una nueva vida social, y mis sueños se alejaron de mi horizonte.

Aquel hombre era un gran jefe, pero cometió un error: despertarme de mi adormilamiento. Cuando me puse a trabajar en aquellos terrenos empecé a recuperar antiguos recuerdos de cómo era mi vida antes de venir a España, y empecé a sentirme tremendamente agobiada, me faltaba el aire. Ya no quería seguir encerrada en un despacho, echaba de menos trabajar al aire libre, construir, plantar, hacer mi arte. Pasaron unos meses, y cuando terminé de hacerle los planos de las parcelas, le dije que iba a intentar encontrar trabajo en paisajismo otra vez.

Lo vi triste, me dijo que era una pena, porque yo tenía madera. Fue la primera vez que oí esta expresión y nunca olvidaré el momento en que la escuché o lo que generó dentro de mí. Él tenía razón. Yo tenía madera. Tenía una madera fuerte, dura y resistente a intemperies, tenía madera de jardinera, madera de paisajista, madera tropical que luce mucho y saca su mejor cara en exteriores y la cual es un desperdicio utilizar dentro de una vivienda. Una madera absolutamente obstinada y tenaz, y por esa razón tenía que volver a sacarle todo su lustre.

Envié correos preguntando si necesitaban paisajistas a todas las empresas de paisajismo y jardinería del territorio nacional que tenían página en internet por aquel entonces. Después de muchas negativas, una empresa de Barcelona me contestó diciéndome que buscaban paisajistas en aquel momento y que si podría ir a una entrevista en los próximos días.

La reunión fue un gran logro. Había enseñado exactamente los mismos jardines que dos años antes, había contado las mismas experiencias, y tenía el mismo brillo en los ojos. No había mucha diferencia con respecto a la entrevista frustrada que había hecho al llegar a España, excepto mi confianza y la actitud del entrevistador. El puesto era mío si aceptaba sus condiciones.

Allí estaba eso, las condiciones. La verdad es que no eran para nada las circunstancias ideales. No había un sueldo fijo, ni ningún tipo de pago que no fuera por comisiones sobre las obras de jardinería que yo fuera capaz de vender y ejecutar con los clientes que ellos captarían a través de sus medios. Yo tendría que visitarles, averiguar sus gustos y necesidades para los jardines, prepararles propuestas y proyectos completos, presupuestos de obra y convencerles de que mi proyecto era el idóneo y que el presupuesto de obra de la empresa era el mejor. Si conseguía todo eso y la obra llegaba a un buen fin bajo mi dirección, entonces cobraría una comisión. De otro modo no cobraría nada. Yo asumía todo el riesgo.

Otra vez me tocaba embarcarme en una aventura. Dejar un buen puesto de trabajo, mudarme de Madrid a Barcelona, volver a buscar casa, empezar de cero. ¿Pero cómo podía desperdiciar aquella oportunidad de volver a hacer lo que tanto había luchado por hacer toda mi vida?

Durante el período que llevo viviendo en España la fortuna ha traído personas a mi vida que han ido poco a poco robando una porción de mi corazón, y llenando en parte el vacío que había quedado al dejar atrás mi tierra. Al encontrarme tan sola, busqué apoyo en los que me han ofrecido consejo y siempre han estado dispuestos a ayudar. Han sido relativamente pocas personas, pero algunas de ellas han asumido tal importancia en mi camino que ya sería imposible desvincularme de ellas.

Jose y Pepe han ocupado sin miramientos el papel de padres adoptivos. Me ayudaron con consejos, mudanzas, roturas de corazón, cariño incondicional, y también me regañaban cuando hacía falta. Me conocían como si me hubieran criado y tenían totalmente calado mi mal genio y mi temperamento intrépido. Eran mi familia en suelo español y por eso la propuesta de trabajo de aquella empresa hizo que a Pepe le saltaran todas las alarmas. Decía que los dueños de aquella empresa eran un par de aprovechados, que habían visto en mí toda la imprudencia y el arrebato de alguien que persigue sus sueños sin evasivas y que se iban a aprovechar de ello, de esa ingenuidad y exceso de confianza que yo desprendía, de esa necesidad que sentía yo de que alguien confiara en mi capacidad, y me dejara demostrar todo mi potencial como paisajista.

Hacía su papel de padre postizo, como yo le llamaba, solo quería lo mejor para mí. Y al igual que muchas veces pasaba con mi verdadero padre en Brasil, no le hice caso. Siempre me ha gustado cometer mis propios errores. Estos dan sabor a tu vida y te ayudan a forjar tu camino.

Llevaba casi tres meses visitando clientes y haciendo diseños para aquella empresa sin éxito.

Había conseguido vender la decoración de algunas terrazas y alguna pequeña reforma. Pero los gastos de desplazamiento y alquiler y del ordenador y el software que me había comprado, unidos a la falta de un sueldo fijo y las comisiones tan bajas que cobraba diezmaron mis ahorros.

Por más que a los clientes les encantara el proyecto que había desarrollado para sus viviendas, era casi siempre imposible cerrar la ejecución de la obra completa, porque era demasiado cara. Los márgenes de beneficio que la empresa cargaba a los presupuestos eran muy muy altos.

Yo nunca me quejé, ni quise renegociar mis condiciones. Creo que cuando aceptas un acuerdo, debes asumirlo. Porque si lo has aceptado es porque creías que valía la pena, que era adecuado. Y si eres tú el que falla en tu parte del acuerdo, no está justificado que quieras modificar sus condiciones. Aunque se trate de un acuerdo verbal, ya que la promesa inicial de un contrato nunca existió. Sin embargo, era un acuerdo, y yo lo había aceptado desde el principio.

Aunque en parte era yo la que estaba fallando, la que no era capaz de cerrar la venta, intenté convencerles de que bajaran un poco los márgenes de beneficio para probar, para ver si así conseguíamos vender más obras. También insistí en que debíamos cobrar por los proyectos de paisajismo que entregábamos. Que estábamos regalando a cambio de nada.

El no fue autoritariamente rotundo.

Claro, la única que regalaba algo allí era yo. Regalaba mi tiempo, mis ideas, mi creatividad y sobre todo mi ilusión.

Algo no funcionaba, no encajaba. Algo impedía que girara el engranaje que siempre ha movido mi vida hacia delante. Lo malo es que se me acababa el tiempo para descubrir qué es lo que fallaba.

Ya no podría seguir en aquellas condiciones mucho más, y no quería dar marcha atrás, no podía imaginar mi vida teniendo que volver a trabajar en algo que no tuviera relación con el mundo de las plantas.

Había llegado el momento de volver a casa, aunque fuera temporalmente, y replantearme todo lo que tenía, sopesar si había valido la pena dejarlo todo atrás.

Compré un billete para Brasil, un viaje de dos semanas.

Era poco tiempo para ver a todos los que echaba tanto de menos, pero era todo el tiempo del que disponía para estar en mi tierra otra vez si quería mantener aquel trabajo cuando regresara.

Volver a casa…

¿Cómo traducir ese remolino de sensaciones que te desborda cuando abrazas a la gente que tanto quieres y que llevas mucho sin ver, sin oler, sin tocar?

Una mezcla de alegría absoluta, con un dolor demoledor en el pecho, lágrimas apremiantes que, descontroladas totalmente, caen por tus mejillas como una tormenta de verano.

¿Cómo describir lo que es volver a ver tus paisajes tan añorados, tu verde tan exuberante, respirar el aire húmedo de tu tierra recién lavada por la lluvia?

Aun si pudiera, no creo que encontrase palabras suficientes para describir cómo se siente una persona al volver a su patria después de tanto tiempo ausente.

Hubo fiesta y muchos abrazos.

Días sin descanso de volver a ver y reencontrarme con los míos.

La mejor recepción de todas fue la de mi perrito *Resaca*, que se puso a correr y pegar saltos de un lado al otro sin descanso durante unos largos veinte minutos. Luego volvía a mi falda y me chupaba las lágrimas, sin creer que su añorada dueña estaba allí delante.

No piensas que es solo un atisbo de la más legítima felicidad, simplemente disfrutas del tiempo con ellos, del reencuentro con los que amas y del reencuentro con uno mismo. Con tu esencia, con la materia de la que está compuesta tu vida, tus historias, tus recuerdos.

Eres feliz, auténtica e insuperablemente feliz.

Pero era tan poco tiempo… y tanto que volver a ver.

Empecé por las personas y acabé paseando por los lugares que, una vez unidos, han sido los responsables de moldear mi camino.

Primero fui a visitar la urbanización donde solía trabajar. Quería saludar a todos mis jardines después de tanto tiempo y comprobar cómo se habían desarrollado a lo largo de aquellos años, averiguar si los habían tratado bien y con el cariño que les hubiera regalado yo.

¡Qué sensación más agradable descubrir que algo que has creado tú se ha desarrollado con tamaña belleza y esplendor!

Los jardines lucían aún más bonitos y exuberantes que cuando estaban recién plantados.

Paseaba por ellos y me preguntaba si realmente había sido yo la persona que los había diseñado y construido. Parecía un sueño, algo irreal. Había estado mucho tiempo dedicándome a otras cosas, alejada de aquel mundo, y ahora llevaba meses intentando volver a construirlos sin tener éxito. Era como si ya no fuera mi realidad, como si fuera la vida de alguien ajeno.

Me fui de allí con la sensación de que me había perdido algo. Que ya no era la misma persona.

Partí en dirección a la playa, necesitaba con una urgencia profunda y latente ver a mis abuelos y de paso ver mi añorada jungla.

El abrazo más intenso y lleno de significado fue el de mi abuela. Mientras, mi abuelo no callaba el gran orgullo que sentía de que su nieta hubiera regresado a España en su lugar.

Solo quien ha probado esa tan privilegiada alegría de un emotivo reencuentro, solo quien ha podido apreciar claramente en la mirada de los que le quieren esa satisfacción presumida al contemplar la persona en que te has convertido, puede saber de qué es capaz tan grandiosa fuente de inspiración y de energía que te penetra por todos los poros, llenándote de fuerza y empuje.

Despedirme de ellos fue una vez más romperme en pedazos.

Antes de volver pasé por la casa de la playa. Llevaba mucho tiempo cerrada y sin recibir visitas de nadie más que de los habitantes de la propia selva. Ni siquiera me interesaba el interior, solo quería comprobar cómo estaba mi primer «jardín».

Este sí que estaba muy cambiado, era casi irreconocible. La parcela que antes era un claro se había convertido en un micro hábitat totalmente distinto. Los árboles que yo había plantado tantos años antes eran imponentes y gigantes estructuras que coronaban y colmaban el cielo entrecruzando las ramas y las hojas, dejando pasar luz y algún que otro resplandor repentino de sol. Habían generado debajo de ellos un ambiente totalmente selvático, pero aún seguía siendo un jardín, de una manera contenida y mágica.

Qué sitio tan especial. Qué energía desprendía, qué fascinación ejercía sobre mí y qué historias contaba.

Mi estanque estaba casi totalmente poblado por nenúfares azules, emitía destellos de la luz que se filtraba por los árboles, susurrándome que me sentara un momento junto a su orilla para recordarlo, para recordar aquellos tiempos en los que nos construimos mutuamente, y eso fue lo que hice.

Una mariposa azul gigante apareció con su vuelo torpe y pausado, cruzando el jardín para perderse entre la selva vecina, llevando mis pensamientos con ella a un tiempo donde aquella floresta era mi sitio de juegos.

Antes de mudarme de Brasil, planté dudosa en las orillas del estanque una *gloriosa,* también conocida en muchos sitios como «bandera española». La había encontrado en un centro de jardinería y me pareció tan exótica que quise buscarle un sitio allí. No sabía si sería capaz de apañárselas sola en aquel rincón alejado del mundo, tan fuera de su sitio y tan solitaria en su espectacularidad. Sin embargo, y sin más cuidados que el de la madre naturaleza, había crecido a sus anchas, trepando y avanzando. Era tal la profusión de sus exquisitas flores de un rojo flamante, apareciendo y desapareciendo entre la vegetación cercana, que me sentí sobrecogida por tal recepción. Era sin lugar a dudas una flor muy llamativa y que parecía prender fuego al jardín. Osada, supo adaptarse a aquella selva a la que no pertenecía y, aunque se hubiera encontrado de repente fuera de su entorno y rodeada de plantas nativas, supo hacerse un hueco.

Un jardín precioso, único e insuperable. Sobre todo era mío, solo mío, como ninguno otro jamás, y volver a verlo hizo que me sintiera como un chispeante reflejo de lo que veía: moldeada por una apasionada combinación de sentimientos, tormentas de verano y semillas esparcidas por el viento y por los pájaros; salvaje, indómita e imposible de contener.

En aquel sitio tan extraordinario se encontraba mi esencia, y como no podía ser de otra manera, la había vuelto a recuperar.

Añade personalidad
a cualquier jardín

La flor es
también un ave
del más soñado
paraíso.

Planta herbácea que
crece en matas, con
hojas pecioladas, ovales.
Florece durante todo
el año en los sitios
adecuados.

Originaria
de Sudáfrica.
Adaptada a jardines
de todas las
regiones tropicales
y subtropicales.

Strelitzia reginae

Ave del paraíso
(Strelitzia reginae)

«No soy mala hierba, solo hierba en mal lugar.»

Enrique Bunbury

Una vez más había dejado mi tierra y pisaba suelo español.

Mi selva y mis jardines pertenecían ahora a un lúcido y apacible recuerdo, el cual me mantendría arropada en muchos momentos de nostalgia.

Aun así, y a pesar de la ligera tristeza, imperaban en mí unas ganas arrebatadoras de comerme el mundo. Se habían acabado las vacaciones en Brasil, y decidí también acabar con aquel descanso de ser yo misma que estaba tomándome hasta entonces. No era consciente de cuánto me había estado anulando hasta entonces, sin duda alguna algo avasallador había suprimido mi naturaleza hasta aquel momento.

El *yo* primitivo y original volvió a adueñarse de mí. La niña soñadora y valiente que no temía a las serpientes y a las arañas de la selva volvía a capitanear.

Enfrentarme al día a día en el estudio de paisajismo donde colaboraba con fuerza y entusiasmo pasó a ser algo natural. Los clientes notaban la confianza que desprendía cuando hablaba de mis proyectos y de los jardines que pensaba construirles, y todo empezó a cambiar para mejor.

Pero en la vida no todo son flores y mi primer gran proyecto después del retorno también fue un encontronazo con una acomodada pareja. La primera vez que les fui a visitar llevaba unos vaqueros y una camiseta blanca, ropa sin complicaciones, ya que tenía que medir el terreno, que era bastante difícil. Aún en construcción, la casa y el jardín tenían unas vistas espectaculares al mar y me quedé unos momentos observándolas y disfrutando de un breve instante de paz. Mientras, sacaba fotos y medidas, apuntándolas en un boceto que llevaba. Los clientes llegaron con bastante retraso a la reunión que habíamos concertado, algo que siempre me ha parecido una falta de respeto hacia el tiempo de los demás y que siempre he evitado con todas mis fuerzas.

Dejé el metro y la carpeta apoyados en un murete y me dirigí a saludarles. Me presenté como la paisajista y les dije mi nombre con la mano extendida a la señora, esperando que me diera la suya, cosa que no pasó. Me miró de arriba abajo analizando desde la camiseta hasta las zapatillas que llevaba puestas, con una mirada casi asesina que dejaba entrever sus pensamientos: ¿quién era yo para creer que podía saludarles así?

«No, señora. Así no se trata a alguien que ha venido a tu casa en respuesta a una llamada. Primero discúlpate por el retraso de casi una hora, luego sonríe, que no te he cobrado nada por la visita», pensé. Pero me callé. Era lo más sabio a hacer.

Pasó a mi lado y, sin decir palabra, se metió dentro de la vivienda. El marido me echó un guiño y se metió detrás de ella. Me quedé allí sin saber si seguirles o qué hacer, estaba atónita con la actitud de aquellas personas. Era la primera vez que me pasaba algo así visitando a clientes.

Reaccioné rápidamente de mi estupor y me asomé a la puerta, les dije que iba a terminar de tomar las medidas fuera y que luego pasaría a hablar con ellos de sus preferencias para el jardín. Ni siquiera me contestaron.

Antes de que acabara de medir la parte trasera de la vivienda —no habían pasado ni quince minutos desde nuestro encuentro—, vi que se subían otra vez al coche y desparecían en la carretera.

Me quedé como suspendida en el aire.

Al volver al despacho, me explicaron que la zona a la que había ido era una zona de mucho dinero y que algunas personas se lo tenían muy creído. Como yo no lo sabía, ni pensaba distinguir esos detalles, no estaba preparada para actuar de acuerdo con la situación.

Pasados unos días, la clienta llamó al despacho preguntando cuándo le íbamos a presentar el proyecto y el presupuesto de ejecución de la obra de jardinería y paisajismo. Estuve una semana sin parar preparándole el material que había pedido, con toda la intención del mundo de hacerle tragar su actitud de superioridad y demostrarle que el talento puede vestirse con vaqueros, sencillas camisetas e incluso chanclas si le da la gana.

La presentación era perfecta, me esmeré en ello. El proyecto de paisajismo y decoración de los exteriores de la vivienda era espectacular. Los resultados serían increíbles una vez se llevara a cabo.

Estuve un rato muy nerviosa, pensando cómo podía conseguir que aquellos clientes me prestaran absoluta atención y me dejaran explicarles por qué aquel proyecto era exclusivo.

Me gusta sentirme cómoda en los jardines, pero me pareció que a aquellas personas había que entrarles por los ojos. Aunque no lo había hecho hasta entonces, en aquella ocasión los vaqueros se iban a quedar en el ropero.

Elegí un vestido largo de un tono tierra precioso, unos tacones altísimos y elegantes que solía usar únicamente para fiestas y eventos, me hice un delicado peinado y complementé el conjunto con unos pendientes brasileños únicos que siempre recibían muchos cumplidos.

Proyecto en mano e ilusión de sobra en el cuerpo y en el alma me dirigí dispuesta a superar con creces aquel desafío.

Al llegar a la vivienda, los clientes ya estaban allí atareados con otros temas de la construcción. Pero no me hicieron esperar, ella vino en mi dirección a preguntarme si venía del estudio de paisajismo y si traía la propuesta. Para mi completo asombro, aquella señora que antes se había negado a darme un apretón de manos me saludó con dos besos en las mejillas. Aparte, por su mirada quedaba claro que no me reconocía en absoluto.

Acabadas las formalidades y con una sonrisa enorme durante todo el momento me dio su aprobación al proyecto y al presupuesto y me pidió que le ayudara con la elección de los muebles también.

¿Acaso era esta mujer otra persona, o era yo la que por ponerme algo más elegante le parecía distinta? ¿Cómo podría ella saber que la chica de los vaqueros era tan auténtica como la que llevaba aquellos tacones altísimos? Imposible. No mientras siguiera juzgando a las personas por su apariencia.

Una vez más me había adaptado a las circunstancias, que me exigían cambiar para poder seguir prosperando. Para mí, eso jamás será un problema, cambiar tu forma de vestir no implica que tengas que cambiar tu forma de ser o de pensar. Sin embargo, que seas capaz de adaptarte dice mucho de los esfuerzos que eres capaz de hacer para lograr tus metas. No tienes que cambiar tus convicciones, únicamente tienes que ajustarte al entorno, sin dejar que lo somero afecte a tu esencia.

Muchas flores cambian de color una vez su polinizador ya las ha visitado, para que estos vayan a las flores aún sin polinizar, creando así más probabilidades de producir futuras semillas. Es una cuestión de supervivencia, de preservación de la especie.

Me había cambiado de país, ¿qué problema habría entonces en vestirme de forma más elegante por una temporada? Ninguno si eso era lo que necesitaba para cerrar aquel proyecto, para que me dieran la oportunidad de demostrar que mi forma de vestir nada tenía que ver con mi capacidad para crear jardines llenos de magia.

Así ocurrió: un jardín de seis cifras y unas gratas comisiones después de tantos meses agotando mis ahorros. Por fin pude respirar aliviada y dormir un poco por las noches. Fue tal la inyección de ánimos y de autoconfianza que los proyectos empezaron a cerrarse uno detrás del otro.

La receta fue entender lo que estaba haciendo mal. No tenía que cambiar mi forma de hacer jardines que tanto éxito había tenido en Brasil, por la forma de hacer jardines en España. Lo que hice fue adaptarme al clima mediterráneo sin perder mi esencia tropical, sin perder la exuberancia de un jardín maximalista.

Partiendo de esa primicia, los siguientes jardines que diseñé y ejecuté en colaboración con aquella empresa mezclaban lo mejor de ambos mundos. Adapté mi diseño a la escasez de agua y a los veranos tan secos y calurosos, sin perder el alma llameante.

Aprovechando que el clima de Barcelona me permitía hacerlo, utilicé plantas que aportaban un toque exótico y tropical al jardín, como la paradisíaca, «ave del paraíso» *(Strelitzia reginae)*.

Estas preciosas plantas herbáceas no crecen más de metro y medio de altura. Tienen hojas grandes y ovaladas, de un verde grisáceo con un nervio bastante destacado y llamativo, sus flores tienen grandes sépalos de color naranja muy llamativo y pétalos de un color azul intenso. Son plantas de esencia tropical pero con algo de resistencia a las temperaturas de invierno en sitios de costa, siempre y cuando no bajen de diez grados. Con su forastera belleza han desempeñado la función de «puente» hacia mis jardines en el continente que había dejado tan lejos de mis ojos pero tan cerca del corazón. Verlas espléndidas en aquel jardín fue como un despertar. Su mágico colorido me enseñaba que podía seguir haciendo mi magia sin miedos.

Sin embargo, la paz de la que disfrutaba con la recién alcanzada plenitud en mi vida profesional, pronto sufrió un golpe más, nada nuevo, complicaciones que solemos encontrar por el camino.

Como no había firmado un contrato con la empresa con la que colaboraba, los números empezaron a bailar. Me pagaron únicamente las comisiones por el primer proyecto y estas no llegaban ni siquiera a la mitad de lo que habíamos acordado.

Según iba cerrando nuevos proyectos y terminando las obras, preparaba las facturas para que la empresa me pagara, pero estas se iban acumulando sin que mi cuenta bancaria viera ni un céntimo.

Me refugiaba todos los fines de semana en Girona en casa de mis «padres adoptivos», donde pasábamos horas y horas hablando. Sola me sentía desorientada pero cuando estaba con ellos los problemas tomaban un enfoque distinto, se veían más pequeños y solucionables. Siempre he sabido gestionar mi vida personal, pero una vez te emprendes en la vida profesional hay muchos altibajos. La ayuda de gente vivida y experimentada es fundamental, al igual que el cobijo y la sombra de los árboles adultos para las pequeñas plantas del bosque; sin esa fresca sombra las pequeñas plantas sucumbirían.

Por fin tenía éxito, hacía lo que amaba, veía cómo los jardines salían del papel para tomar forma, disfrutaba de su diseño y de su construcción. Era auténticamente feliz, pero seguía sin percibir remuneración por mi trabajo y tirando de ahorros. No es que me importara el dinero en sí, pero ¿hasta cuándo puedes alimentarte exclusivamente de tus sueños?

Pepe insistía en que debía sentarme y hablar con mis «jefes». Decirles que así no podía seguir, que necesitaba el contrato que me habían prometido y que los pagos deberían hacerse al menos una vez al mes. Hacía hincapié en que eso que contaban de que no tenían caja no era posible, porque yo les estaba cerrando muchas ventas y ya las habían cobrado casi todas.

Aunque nunca me han gustado los enfrentamientos, al final no me quedó otra que hablar del tema con ellos para intentar cobrar las facturas antes de que siguieran sumando y de que yo ya no pudiera pagar el alquiler.

La oferta para resolver el tema era surrealista: un contrato de trabajo con un sueldo fijo anual, algo que no estaba mal si hubiera sido la propuesta hecha al inicio de nuestra colaboración. Pero debía renunciar a las comisiones que me correspondían ya que estas se disolverían en un sueldo en doce mensualidades.

Seguir vendiendo y haciendo jardines a todo gas como estaba haciendo hasta entonces, pero cobrando por mi futuro trabajo algo que ya deberían haber ingresado en mi cuenta hacía meses. Por unos breves momentos vi cómo mi sueño se esfumaba, porque iba a tener que buscar otro trabajo y no sabía si iba a contar con la suerte de encontrar algo en el sector otra vez.

Maldecí mi sino y mi estupidez. ¿Cómo podía haber caído en el cuento de aquellos individuos? ¿Cuándo iba a aprender a ser menos ingenua?

Empezaba una época de «sequía» en mi jardín y yo estaba recién «plantada».

La realidad es que por más bonito que sea un jardín y por más bien diseñado que esté, no puede sobrevivir sin agua.

Hay plantas con una gran capacidad de adaptación a la escasez hídrica, pero aún así tienes que mojarlas por una buena temporada cuando están recién plantadas y luego ir bajando la cantidad de riego poco a poco para que vayan desarrollando su sistema radicular en profundidad. A partir de entonces estarán a la merced del clima y de las lluvias, abandonadas a su suerte.

Las plantas tienen distintas formas de luchar contra la falta de agua. Por ejemplo, cuando no encuentran agua en el suelo y las raíces empiezan a deshidratarse, estas sintetizan y liberan una hormona que es la responsable de que los poros de las hojas (estomas) se cierren para que esta deje de transpirar, es decir, de perder agua. Es un buen mecanismo de resistencia a la sequía, pero implica que la planta capte menos dióxido de carbono y haga menos fotosíntesis, lo que también limita su crecimiento.

Luego hay otros aspectos evolutivos, como el grosor o la densidad de las hojas, factores que están directamente relacionados con el ahorro de agua por parte de una planta.

De momento, yo iba a tener que cerrar mis «estomas» también, porque no quería quedarme achicharrada. Quería sobrevivir, seguir creciendo y florecer otra vez algún día.

Me cogí un tiempo muerto, necesitaba alejarme lo máximo posible de aquellas sanguijuelas y plantearme qué iba a hacer con mi vida.

El consejo de mis «padres adoptivos» era tajante: debería montarme por mi cuenta. Insistían en que podría encargarme de una empresa de paisajismo, que sabría cómo hacerlo, porque ya lo había hecho en Brasil antes y llevaba meses haciéndolo allí mismo. Tenía pasión, creatividad, era emprendedora y luchadora. Un diamante en bruto, dijeron, y nunca lo olvidaré. Fueron tan vehementes y su apoyo fue tan rotundo que yo también empecé a creérmelo.

Decidí que seguiría su consejo. Nunca he tenido miedo a lanzarme en busca de mis metas, pero antes de embarcarme en otra aventura, quise intentar una vez más hacer que mis «jefes» entraran en razón, quería que entendieran que la forma de colaboración inicial era beneficiosa para ambos, que hasta entonces yo había asumido todos los riesgos y que por eso no era justo cambiar ahora las condiciones.

Sin embargo no obtuve éxito, la avaricia y codicia humana a veces no tienen límites. Les dije que en realidad perdían ellos, porque no volverían a encontrar a alguien tan apasionado y menos tan ingenuo, ya que nuestra colaboración se terminaba en aquel momento.

Aun dejándome a deber un auténtico dineral, la desfachatada e insolente mujer me preguntó cómo pensaba seguir trabajando con aquello que me apasionaba tanto, ya que nadie del sector me contrataría porque, según dijo, ella se encargaría de lograrlo.

No me gustan nada las amenazas, aborrezco que me las hagan y no suelo hacerlas yo. Sin embargo, ya no era aquella niña que sufría acoso escolar y que dejaba que los matones se salieran con la suya.

Por eso, mirándola fijamente a los ojos, le contesté que no perdiera su tiempo en hacer llamadas de teléfono innecesarias a otros estudios de paisajismo, porque a partir de aquel exacto momento su principal competencia sería yo.

Cuando dejas que palabras así salgan de tu boca, ya no puedes titubear. Debes ponerte a trabajar con todo tu empeño.

Las amenazas son para los débiles y derrotados lo que las acciones son para los inquebrantables.

La lluvia amenaza con caer, pero no siempre lo hace. El viento amenaza con derribar a los árboles, aunque la mayoría de las veces solo arrastra algunas ramas. Sin embargo el sol, simplemente vuelve a salir. Día tras día, no deja nunca de brillar.

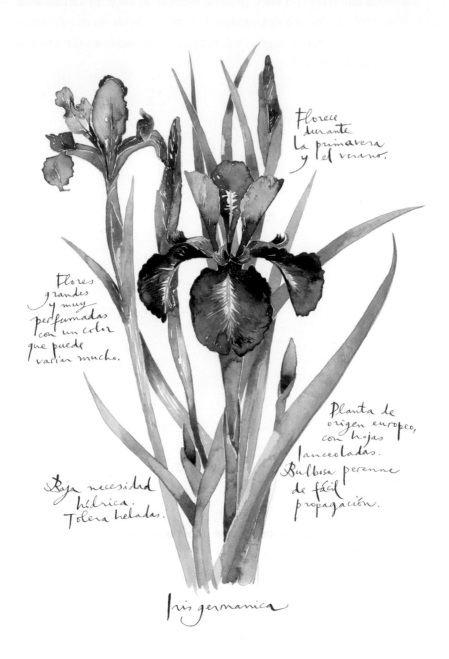

Florece
durante
la primavera
y el verano.

Flores
grandes
y muy
perfumadas
con un color
que puede
variar mucho.

Planta de
origen europeo,
con hojas
lanceoladas.
Bulbosa perenne
de fácil
propagación.

Baja necesidad
hídrica.
Tolera heladas.

Iris germanica

Iris

(Iris germanica)

«Ahora me siento como el paisaje, puedo ser audaz e incluir todos los tonos de azul y rosa: es encantador, es delicioso.»

CLAUDE MONET

Después de una temporada en Girona organizando mis pensamientos y preparando un plan de negocio, empezaron a florecer tantas ideas en mi cabeza que tuve que partir otra vez hacia Barcelona para ponerlas en marcha.

Era tan fácil pasar los días en compañía de aquella familia, me sentía tan arropada por ellos, que tal vez me hubiera quedado toda la vida. Pero tenía un sueño que perseguir.

Las obras con los jardines al principio aún eran pocas, las que surgían a través de recomendaciones de proveedores y clientes anteriores. Pero aún me quedaba mucho recorrido para poder aprender cómo esquivar a las personas mal intencionadas; fueron muchos los tropiezos y los engaños que hallé en mi camino. Cuando arrancas un negocio propio y no tienes mucha experiencia con las gestiones varias, no piensas en muchos detalles y tienes tantas ganas de ponerte manos a la obra que confías demasiado y dejas que vean lo apasionado que eres y lo ilusionado que estás.

Hay que tener mucho cuidado, ser precavido, hacer las cosas bien. Trabajar sobre un contrato y un presupuesto firmado. A duros golpes fui aprendiendo que las palabras se pierden, se borran en el aire nada más ser pronunciadas y aunque para muchas personas las promesas que profieren son un estandarte de su honor, para otras las palabras que expresan apenas tienen valor, no tienen en su esencia ningún peso o significado.

Al final de la temporada, cuando los trabajos de jardinería suelen reducirse, pensé que sería un buen momento para desarrollar una página web, así los clientes podrían localizarme y ver mis trabajos. Como no me quedaba mucho presupuesto disponible y tenía algo de experiencia, decidí ponerme a diseñarla yo misma. Era una idea que venía forjándose en mi cabeza día a día. Ingenuamente, creía que no podía ser tan difícil.

Compré un par de libros de diseño web y estuve estudiando cómo hacer realidad una página que no solo fuera bonita de ver, sino que contara una historia de amor por los jardines y que también me diera resultados, que trajera nuevos clientes. Fue una cantidad de trabajo espantosa. Durante dos meses estuve trabajando quince horas al día, completamente desbordada y agotada. Aun así, no había ni un segundo que perder. La página tenía que estar lista mucho antes de que llegara la primavera.

A las pocas semanas de estrenarla online, empecé a recibir llamadas. Al principio no eran demasiadas, pero más que suficientes. Cada hora invertida en aquella tarea trajo sus resultados. El esfuerzo bien empleado siempre vale la pena.

Sin embargo, la mayoría de los clientes que llamaban eran de la comunidad de Madrid, lo que me impulsó a mudarme una vez más y estar cerca de donde estaban surgiendo más oportunidades de trabajo. Cuando quieres ser libre, vas adonde el viento te lleva. Debes entender y aceptar que la libertad también tiene sus responsabilidades y que seguir tus sueños conlleva un precio y unos cuantos sacrificios.

¿De qué sirve poseer alas si no te atreves a volar?

Como tenía que buscar casa otra vez, pensé que sería una buena idea buscar una que fuera como un lienzo en blanco, que no tuviera el jardín ya hecho. Quería ir haciéndolo poco a poco yo misma, a mi manera y a mi medida. Aunque me daba un poco de pereza construir algo en una vivienda de alquiler, era la oportunidad de hacer algo único y que sirviera como muestra de lo que puede ser un auténtico jardín de diseño, hecho con mucha alma. Mi instinto me decía que aquel era el siguiente paso que debía dar.

Encontré el espacio perfecto en las afueras de Madrid, en Aranjuez. Me parecía buena señal que el jardín que iba a construir estuviera ubicado allí, un sitio en el cual mis abuelos habían vivido un tiempo y del cual me habían contado muchas historias. Además, el alquiler era más económico por la distancia de la capital.

El proyecto de paisajismo lo fui desarrollando poco a poco y lo diseñé intentando aprovechar cada centímetro del espacio disponible. Quería un jardín que fuera principalmente ornamental, pero que tuviera zonas de uso muy funcionales, sin dejar de ser un sitio de relajación. Un jardín pensado para disfrutar durante los fines de semana, en cada atardecer y durante las cálidas noches de verano. Mi intención principal era que aquel fuera un jardín en el que, nada más entrar, el mundo exterior dejara de existir. Para eso elegí cada elemento con esmero, intentando que el conjunto luciera precioso en todas las estaciones, incluso en un crudo invierno.

Con el proyecto terminado, lo primero que hice fue plantar los cuatro árboles que formaban parte del diseño. Ellos no eran los protagonistas del espacio, pero eran la estructura central y los que se encargarían de que en un futuro aquel sitio transmitiera sensación de bienestar y de bonanza.

Para los siguientes elementos necesitaba dar un paso más grande. Eran componentes de peso y costosos, así que pedí un préstamo y empecé a construir lo que fue mi segundo jardín privado. Uno de los más estimados y con más significado que he hecho hasta hoy. Volqué toda mi alma en su construcción porque quería que el lugar desprendiera sentimientos tenues pero primarios y muy reales.

Según avanzaba la obra, iba sacando fotos desde distintos ángulos y a diferentes horas del día. De este modo iba registrando cada una de las etapas de la construcción de aquel rincón y notaba cómo mientras él iba transformándose, yo también evolucionaba en el tiempo y en el espacio.

Para construir elementos como la pérgola, los estanques, la bañera japonesa, la tarima de madera y la separación de ambientes hecha de traviesas recuperadas de trillos de tren conté con la ayuda de un albañil, trabajábamos codo con codo. Todo lo demás lo fui haciendo sola y poco a poco.

Me entregaron las plantas un viernes por la mañana, justo un día en que mi ayudante no había venido. Estuve un rato mirando las grandes macetas de los bambús *(Phyllostachys aurea)*, que pesaban considerablemente, y sopesando si me atrevería a plantarlos o si era mejor esperar a tener ayuda el lunes.

Como una lombriz deseando meterse en la tierra, no pude aguantarme. Llevaba mucho tiempo esperando el momento de empezar a poner las plantas, ya que esa suele ser siempre la mejor parte de todas al hacer un jardín. Así pues, los bambús no duraron ni media hora en la maceta.

Los fui ubicando todos con esmero y, cuando me pareció que estaban bien distribuidos, empecé a sacarlos uno a uno y a abrir los agujeros. Luego corté las macetas, que no se soltaban ni con golpes porque las raíces del bambú estaban tan apretujadas en ellas que las habían deformado. Todo eso lo hice sudando considerablemente y con un palmo de lengua fuera. Eran unos agujeros importantes en un suelo invernal muy duro y las macetas pesaban la mitad de mi peso. La primera suele pesar menos, pero enseguida las macetas van ganando gramos con solo mirarlas.

Te sientas un momento para recuperar fuerzas e incluso piensas en parar y seguir luego, pero si eres un enamorado de las plantas y de los jardines, cuando vas viendo cómo todo finalmente va tomando forma y cómo el verde que vas añadiendo poco a poco al espacio va cambiando completamente el lugar, transformándolo absolutamente, te impacientas por ver más. Sientes que es inevitable seguir plantando mientras haya luz solar y hasta que te quede un rescoldo de fuerza en el cuerpo. No importa, es tal el placer y el deleite que experimentas con los resultados que el cansancio te sienta como un galardón y duermes como un bebé.

El día siguiente seguí plantando y el domingo también. Mientras no acabé de plantar todo lo que había por plantar, no descansé.

Cuando construyes un jardín, según vas avanzando puedes presentir si lo que estás creando va a tener sentido cuando lo acabes o no. Sientes cómo todas las piezas que has diseñado van encajando. Paso a paso vas comprendiendo todos aquellos momentos en que tu cerebro te decía que deberías diseñar una línea recta pero tu corazón y tu mano no te hacían ningún caso y seguían creando curvas sinuosas y rompedoras. O cuando, al revés, rechazas las curvas que te exigen el sentido común y te dejas guiar por líneas y rectángulos que se juntan y se combinan, sumando y multiplicando la magia de los espacios.

Sin embargo, aunque todos los elementos inertes encajen a la perfección, hasta que no hayas acabado de añadir todas las plantas, al sitio le faltará el alma, la identidad. Tienes un proyecto hermosamente escrito, metódicamente maquetado, estratégicamente construido pero que no dice nada, no despierta los sentidos, ni evoca sensaciones. Sus páginas no cuentan ninguna historia.

Las plantas son la realidad más íntima y esencial de un jardín. Su componente intrínseco.

Por eso nunca he disfrutado mucho haciendo jardines minimalistas, porque esos, en mi opinión, tienen poca alma. Me gustan los jardines cuando son maximalistas, con muchas plantas, muchas piedras esculturales, con agua en forma de fuentes o estanques. Esos son elementos fundamentales para que el sitio que estás creando transmita algo verdadero.

Cuando algo que has planificado sale del papel y se transforma en una realidad, eres capaz de comprobar si te apasiona tu trabajo o si te es indiferente. Porque cuando ves que lo que has creado es algo tan fantástico, puedes llegar a sentirte la persona más plena del mundo.

A las dos semanas de haber terminado la obra y la plantación, y después de unas copiosas lluvias, el jardín empezó a despertar en los albores de una ansiada primavera que le cortejaba.

La superficie de los estanques, que rebosaban agua cristalina, reflejaba un cielo azul y con nubes esponjosas que se movían mansamente, a veces entrecortadas por los destellos flameantes de los pequeños peces de colores.

Primero florecieron las camelias *(Camellia japonica),* luego el ciruelo *(Prunus domestica),* enseguida se despertaron los lilos *(Syringa vulgaris),* y su perfume se encargó de dejar atrás el melancólico invierno.

Entre la grava que recubría buena parte del jardín y el suelo, yo había utilizado una malla antihierbas con la intención de reducir el mantenimiento posterior. Un día, paseando y averiguando los cambios en el desarrollo de mis estimadas plantas, descubrí que una planta se atrevía a apuntar sus hojas a través de la grava, habiendo conseguido perforar la gruesa malla. No parecía ser una mala hierba, era más obstinada todavía. Esperé a que creciera algo más, quería comprobar qué planta era.

Tremendamente bellas y de un color delicioso, aquellas intrusas, un sorprendente par de iris *(Iris germanica)* de un azul extraordinario y con una mancha alargada central amarilla muy intensa, me habían sorprendido y cautivado a partes iguales.

Creía que mi jardín se resumía a las plantas que yo había elegido y que habían venido del vivero, pero no tuve en cuenta lo que podría haber estado escondido antes de que yo llegara allí. Algo que se encontraba un poco más profundo en el suelo y alejado en el tiempo, esperando tranquilamente a que llegara el momento de lucir sus mejores galas. Cuando llegó su momento, empezó su carrera hacia la luz, pero se encontró con mi malla antihierbajos. ¿Qué hizo ella? Pelearse hasta encontrar una brecha y atravesar la malla.

El iris sacó del suelo su exuberante y fugitiva belleza, poniendo de manifiesto una recóndita verdad: cuando estás hecho para algo, cuando tienes una labor que cumplir, puedes esconderte por un tiempo, puedes retirarte, pueden olvidarte, pero tu cometido tarde o temprano volverá a presentarse en tu vida. Entonces será el momento de ponerte manos a la obra para romper las barreras que puedan haber surgido mientras estabas adormilado bajo el suelo invernal. Debes traspasarlas y convencer al mundo de que no eres una hierba cualquiera, que cumplir tu misión es la única meta posible.

No hay hombre que camine sobre la tierra que pueda frenar la llegada de la primavera y todo lo que trae su renovador poderío.

Todavía le quedaba mucho a aquel jardín por desarrollar y conquistar, pero la vida en su estadio más latente ya estaba presente. Mariposas flotando lentamente, pájaros cantando efusivamente, grillos saltando, libélulas posándose en el estanque e incontables mariquitas defensoras derrotando a los insistentes pulgones primaverales. Mi perro *Resaca*, que por fin volvía a estar a mi lado y que corría detrás del nuevo cachorro y del gato, me hacían sonreír hasta los hoyuelos. Todos juntos hacían que la percepción que fluctuaba en el aire fuera embriagadora.

Los últimos años habían sido de extrema soledad, nostalgia y melancolía. De sentirme desplazada y desencajada. De no saber dónde estaba mi lugar en el mundo y de dudar si había hecho lo correcto al alejarme tanto de mi puerto seguro. Años de dudar de mi potencial, de mi talento, incluso de mi cordura. Pero al construir aquel jardín, creado rompiendo barreras y contra todos los pronósticos, volví a conectar conmigo misma. Me rescaté y me recompuse.

La naturaleza es la mejor compañía que puedas necesitar. Ella siempre es grata. Hay personas que se aprovechan y se olvidan de las demás personas, de los animales, del medioambiente. Pero la naturaleza sabe compensar los anhelos. La mimas un poco y pronto recoges sus frutos. Ella te enseña cómo devolver todo lo que toma, todo lo que absorbe, te enseña cómo guardar reservas, cómo transformar energía, cómo ser imparable.

Se cumplían exactamente cuatro años desde que había llegado a España, y solo entonces pude sentirme parte de algo verdadero. Pertenecía otra vez a un lugar y el lugar pertenecía a mis más tangibles sueños. Era un maravilloso jardín, lleno de vigor y fortaleza.

Por fin las piezas de mi vida volvían a encajar. Finalmente me sentía en casa.

Arbusto leñoso
de hábito trepador

Floración
abundante en
forma de racimos
durante toda
la primavera.
Perfecta para
cubrir muros
pérgolas y
arcos.
Puede llegar
a vivir hasta
un centenario.

Crecimiento
rápido
y muy
vigoroso.

Nativa
de China
y Japón

La reina del jardín

Wisteria sinensis

Glicinia
(Wisteria sinensis)

«Esa semilla, que crees ínfima, contiene un árbol
que contiene un bosque.»

Alejandro Jodorowsky

Siempre digo que cuando florecen los almendros comienza el tiempo de los jardines. Empieza el buen tiempo, nos apetece comer en las terrazas de los restaurantes, salimos fuera y nos acordamos de nuestros jardines. Es la temporada de mayor cantidad de trabajo para los jardineros y paisajistas, el ritmo es frenético y ya no hay descanso hasta el otoño.

El único inconveniente es que si se deja pasar demasiado tiempo y se busca un paisajista tarde, los jardines no se hacen con el cariño que se merecen y sí con prisas. Diseñar un jardín necesita su tiempo y su elaboración, esta debe ser artesanal y muy cuidada. Cuando se acumula demasiado trabajo por los apremios, hay una gran probabilidad de que se pierda la esencia de los espacios.

El paisajismo es un arte y, como en todas las creaciones artísticas, debemos dejar que nos invada la inspiración, y no permitir que sea un trabajo mecánico y automático.

Durante la temporada estuve trabajando con varios proyectos nuevos y algunas obras que me tuvieron muy atareada. Aparte estuve invirtiendo muchísimo tiempo en desarrollar contratos de construcción de jardines y en el diseño de los mismos. Quería unos contratos efectivos, sin brechas. Ya no pensaba dejar que alguien se aprovechara de mis esfuerzos y de mi ilusión. Mi vida se resumía a mi trabajo, a los jardines, a descubrirlos, vivirlos y empaparme de su embrujo.

Mi jardín y oasis privado siguió ganando color y forma a una velocidad increíble. A cada nueva rama que brotaba de la glicinia (*Wisteria sinensis*) que yo había plantado sobre el pórtico de la entrada de la vivienda, un pequeño e inesperado logro también surgía en mi vida profesional. Era un constante avanzar, con incontables tropiezos, que son parte de cualquier aprendizaje. Pero mi carrera se iba desarrollando y crecía a una velocidad muy apacible. El vídeo que había hecho de la construcción de aquel espacio había tenido una gran acogida en internet y también publicaron fotos del jardín en una revista del sector.

A mediados del año surgió una invitación algo atrevida.

En Brasil se celebra una feria de paisajismo y jardinería muy importante a la cual yo acudía todos los años antes de trasladarme a España. En la actualidad, el espacio es más utilizado por los paisajistas que se están haciendo un nombre poco a poco, pero en mi adolescencia la muestra de paisajismo era una referencia en el sector. La muestra sirvió como trampolín a paisajistas muy importantes de Brasil, y es fundamental participar en ella si quieres que te conozcan. Pero no todos pueden hacerlo, hay unos criterios de selección muy estrictos. Sin embargo, allí estaba, una invitación para que yo creara uno de los jardines de la exposición.

Los inconvenientes eran muchísimos. Organizarlo todo desde la distancia, los materiales, las plantas, el diseño, toda la logística de la posterior construcción que debía realizarse en tres días.

¿Pero cómo iba a poder rechazar tal oportunidad de volver a casa y encima participar en algo con tanta trascendencia para los paisajistas brasileños? Estaba claro que dejar pasar aquella oportunidad para mí no era una opción.

El viaje fue una verdadera vorágine de sensaciones. Miedo, inseguridad, ansiedad, alegría, tensión. ¿Y si lo que había preparado yo no le gustaba a nadie? ¿Y si mi estilo ya no encajaba allí? ¿Y si no era capaz de construir todo en los días que tenía disponibles?

Mi cabeza giraba como en una espiral.

Qué ganas tenía de ver a mi familia y vivir con ellos aquel momento.

Mi padre me ayudó de forma magistral con la construcción de todo, así como un amigo de la universidad. Mi abuela me ayudó cosiendo todos los cojines del espacio. Mi hermana pequeña y una amiga, que son unas grandes fotógrafas, se encargaron de tomar unas fotos estupendas al jardín. Mi hermana mayor me acompañó y estuvo conmigo todo el tiempo. En el primer día yo estaba absolutamente inquieta, nerviosa e insegura y por eso su compañía fue inestimable. Vivía algo único y lo mejor era sentirme tan rodeada por mi añorada familia.

En el primer día de la muestra, me aparté del espacio unos cuantos metros para observar la reacción de las personas que lo visitaban; no quería influenciar en sus reacciones. Quería que fueran auténticas reacciones sin importar si eran de aceptación o de rechazo. Solo así podría juzgar si les gustaba mi trabajo o no.

Dos hombres entraron al «jardín» y estuvieron hablando entusiasmadamente de lo bonito que era, lo bien diseñado y distribuido que se veía todo. Mi hermana me guiñó el ojo y me dijo que ya podía estar tranquila, que les estaba gustando a todos; no obstante yo no era capaz de contestarle. Estaba congelada en mi sitio, roja como un tomate.

Uno de aquellos hombres era uno de los paisajistas más importantes de Brasil, así como un prestigioso columnista de la revista sobre plantas y jardines que tantas alegrías me había dado en mi adolescencia. Yo temblaba, no me podía creer que le gustara mi trabajo a aquel hombre, una referencia en el sector y alguien que tanto me había suscitado a ser lo que soy, a dedicarme a mi sueño de construir jardines.

Mi hermana me agarró del brazo y me arrastró hacia donde estaban ellos, presentándonos. Yo apenas podía hablar, estaba muy desconcertada, me sentía como si tuviera quince años otra vez. Pero no, aquel mismo día cumplía los treinta, una fecha que llevaba años «celebrando» sola en España, sin amigos y sin familia. Sin embargo, allí estábamos, disfrutando de uno de esos exquisitos y tan dulces momentos únicos donde hablas de igual a igual con uno de tus modelos, una persona ejemplo para todos los que quieren ser paisajistas en Brasil y que inspira a todos.

Al verme en tal situación, una vocecilla interior, con la cual siempre he tenido que luchar, me decía que aquel encuentro era pura casualidad y que yo para nada estaba a la altura de entablar una conversación tan estimulante con aquel hombre, una figura fundamental para el paisajismo brasileño. Ella murmuraba en mi cabeza, y retumbaba en mi alma, que era ridículo por mi parte pensar que yo era alguien con quien valía la pena conversar.

Cuando sufres acoso escolar, maltrato físico o psicológico en alguna etapa de tu historia, te quedan unas cicatrices de por vida con las que tienes que enfrentarte día a día, e infelizmente yo he sufrido los tres durante mi infancia y también posteriormente. No importa cuán fuerte seas, cuánta resiliencia haya dentro de ti o la tenacidad que recorra tus venas, esta voz que te dice que no vales nada y que no importas a nadie siempre estará allí susurrando en tus oídos e intentando derrumbarte.

La capacidad que tengas de reaccionar es lo que te demuestra si eres capaz de ignorar y enfrentarte a ese maligno susurrar. Obviamente, encontrar la seguridad necesaria para eso depende mucho del entorno y del momento en que te encuentres, también del apoyo que recibas. La mayor parte de mi vida he estado sola, y luchar con esta voz tan dañina y peligrosa no siempre ha sido tarea sencilla.

Y cuántas veces lo ha conseguido, cuántas veces ha podido conmigo, cuántas veces me ha matado… Sin embargo, he sabido curarme. La tierra, las plantas, los pájaros y mariposas que me han rodeado en los peores momentos me ayudaron a levantarme.

Porque el entorno en que me he encontrado en los momentos más hirientes ha solido ser acogedor, porque he buscado que así lo fuera, refugiándome en medio de la naturaleza. Incluso en la más tupida selva. Muchas veces me sentía más segura rodeada de animales y plantas salvajes que cerca de ciertas personas y de sentimientos tan tóxicos.

Las cicatrices que la vida te inflige pueden servirte de empuje si sabes cómo hacerlo. Cuando surge esa vocecilla envenenada en mis oídos, no puedo decir que todas las veces me resista a escucharla o que, por otro lado, siempre sucumba a su cáustica y penetrante influencia. Es inevitable que en algunos momentos ella te destroce y te hunda en lo más profundo. En cuántas ocasiones me he creído todo lo que decía y me he dejado arrojar por un silbido lleno de soledad y de ahogo...

Sin embargo, hoy tengo suficiente tesón para contestarle mentalmente que recuerde con *quién* está hablando. Para *quién* está balbuceando esas barbaridades. Puede parecer de locos, sin duda. Pero la llevo en cada uno de los momentos en que la vida me marcó a fuego y dejo que observe cómo he sido capaz de recomponerme en cada uno de ellos. Entonces la voz desaparece, rendida y avergonzada, no le queda otra.

Aquella noche, en el hemisferio sur, cuando se celebra el equinoccio de primavera, celebramos también mis treinta primaveras vividas y lo celebramos a lo grande. Estaba con mi familia y amigos que tanto echaba de menos. Me sentía plena, me sentía completa.

En un breve momento de silencio interior me di cuenta de que lo había hecho, lo había conseguido. Me valía por mí misma en un mundo rodeado de depredadores y por fin era aquello que siempre había querido ser. Lo había conseguido luchando sin descanso por un sueño que por fin veía como se realizaba.

Mi vida estaba tomando el rumbo que siempre había buscado. No solo era una paisajista que empezaba a poder vivir de la profesión, cosa no muy fácil de lograr, debo admitir. Tienes una temporada de muchísimo trabajo y luego en invierno hay un bajón. Lo que significa que tienes que trabajar todo lo posible en la temporada alta y también ser muy organizado con tus finanzas. Es un negocio estacional.

Cuando volví otra vez a España, me sorprendí al ver cuánto se había desarrollado mi glicinia del pórtico de la entrada. Era una verdadera salvaje creciendo por todos los lados. Tenía esperanzas de llegar y disfrutar de su floración otoñal, que a veces ocurre con algunas de esas plantas. Pero aun habiendo crecido tanto, seguía sin florecer. La glicinia es una planta que algunas veces puede tardar muchos años en hacerlo, necesita madurar antes de florecer. Es una planta trepadora de crecimiento vigoroso, pero año tras año puedes sentirte decepcionado, esperando una floración que nunca llega.

En mi caso, hizo falta mucho tiempo más para poder presenciar el espectáculo de verla cargada de flores. Fue una de las primeras plantas que introduje en mi jardín y, sin embargo, tuve que esperar casi cinco años para disfrutar de su momento de auge. Cada año que pasaba ella había avanzado y conquistado más terreno, coronando la mayor parte del muro lindero, pero haciéndose de rogar. Quería avanzar y conquistar, pero no estaba lista aún para lucir sus flores.

Así que después de tantos años viendo como crecía, de abonarla, de podarle sus ramas, conducirla, darle soporte y mimarla con todo mi esmero, tuve que entender que el factor tiempo no se puede controlar. Escapa de nuestras manos y cada cosa tiene su tiempo, su duración y sus etapas.

Sin embargo, para mi tristeza, la espectacular planta esperó a florecer cuando empezaba una nueva estación en mi vida y tenía que dejar Aranjuez. Una vez más, tuve que dejar muchas cosas atrás. Fue tal vez una de esas formas mágicas de decir adiós que tiene la naturaleza, una sincera y afectuosa carta de despedida.

Después de tantos años de trabajo arduo, florecía la glicinia y floreció mi vida profesional. En mi mudanza intenté llevarme la planta conmigo, trasplantarla. Pero es una planta de raíces realmente profundas, así como yo. Me gusta pensar que son tan profundas las raíces de aquella planta que llegan a tocar las raíces de aquella niña, perdida en el tiempo y que soñaba con un día poder hacer jardines.

Esta forma de pensar y de reencontrarme con el pasado, tanto en los buenos como en los malos momentos, tanto recordando las derrotas como la superación, este saber rememorar, ha sido fundamental para hacerme apreciar el valor de cada una de las oportunidades que me ha brindado la vida. Si te olvidas de dónde vienes, si pierdes de vista lo que siempre has buscado, si ocultas o marginas quién eres, entonces nunca podrás valorar realmente todo lo que has conseguido alcanzar con tu esfuerzo. Cuánto has avanzado hacia tus propósitos.

Tus raíces son lo más importante que llevarás contigo en toda tu vida. Te darán sustento, alimento, vigor, serán las responsables de tu crecimiento y de proporcionarte agua cuando creas que te mueres de sed, cuando creas que ya no puedes más. Ellas son tu esencia y el principio de todo.

Nunca debes olvidar tus raíces.

Muy ornamental
y fotogénica

Planta vivaz y
herbácea, flores en
umbelas simples
que florecen
en verano.

"Y el abuelo
un día se quedó
dormido sin volver
a España. El abuelo
un día, con tanta
esperanza. Y al
tiempo al abuelo
lo vi en las aldeas,
lo vi en las montañas,
en cada mañana y
en cada leyenda,
por todas las sendas
que
anduve de
España."
Alberto Cortez

Se encuentra en bosques
húmedos, junto a cursos
de agua y en jardines de
toda Europa.

Astantia Major

Astrantia

(Astrantia major)

«*Dentro de mil años, sí, dentro de millones de años te diré:*
¿sabes dónde estás? Estás en mi corazón.»

WILLIAM HEINESEN

Mi necesidad de estar en constante contacto con la naturaleza es algo que escapa de mi control, es algo intrínseco y primitivo. Si paso mucho tiempo sin estar en algún rincón perdido de la selva, de un bosque o floresta, rodeada de árboles centenarios que incansables buscan tocar el cielo, empiezo a sufrir lo que podría describir como una desalentadora abstinencia que me consume y me desquicia. Es superior a mí.

Además de anhelar con todos mis poros el verde tropical tan excelso que dejé atrás, se suman a estos sentimientos tan complejos una imponente añoranza de mi familia y amigos. De aquellos que tanto me arroparon en mi lejano Brasil.

Vislumbro algún frágil atisbo de luz cuando recibo la visita de alguno de ellos, de mis hermanas, mis amigas, mis padres. O cuando me voy a verlos allí, durante unas cortas vacaciones. Entonces todo se hace más fácil y llevadero, porque al tenerlos cerca, aunque sean por pocos días, la fuerza de la distancia y de la nostalgia pierde empuje.

Aunque vivir sin estar en constante contacto con la naturaleza en su estado más puro sería mi perdición, y a pesar de que siempre he podido sobrellevar la soledad, incluso la he buscado en algunos momentos, la distancia tan grande que me aparta de todo lo que dejé en mi país a veces resulta descorazonadora. Porque esa distancia tiene un poder sombrío y aplastante.

La última vez que estuve en mi tierra, despedirme de mis abuelos dolía tanto como la primera vez. Ellos ya no pueden meterse en un avión durante las once horas que dura un vuelo. Venir a verme a España no es una opción, aunque lo desearan muchísimo.

Cuando me fui, mi abuelo estaba enfermo, y al decirle adiós, sentí como si alguien despiadado metiera una garra de hierro en mi pecho y estrujara mi corazón con toda su fuerza. Era un dolor colosal. No sabía si volvería a verlo y, de hecho, así fue. Yo no estaba a su lado en su adiós definitivo. Estaba demasiado lejos.

Aunque tenía desde varios meses el billete de avión comprado, solo una semana antes de volar mi abuelo falleció, por desgracia mi adorado abuelo no aguantó. Ya no pudo esperar más a que su nieta regresara.

Teníamos una relación muy especial. En las fotos de familia, siempre estaba pegada a él, su mano en mi hombro y mi mano sobre la suya. Era mi mayor inspiración, así como lo es mi abuela. Él siempre me decía lo orgulloso que estaba de que yo hubiera venido a reconquistar su añorada España.

Él se fue un día antes de mi cumpleaños. Esta era una fecha que yo ya no celebraba nunca, porque todos los que quería que estuvieran conmigo en ese día siempre estaban a miles de kilómetros de distancia. Así que poco a poco la fecha fue perdiendo importancia. Pero cuando se murió mi abuelo, la fecha volvió a tener un significado, porque me recuerda que yo no estaba allí. Y que en muchas otras ocasiones tampoco estaré.

Y ese es un precio altísimo a pagar cuando dejas atrás tu tierra. Ya no se trata solo de la separación o de la añoranza. También implica que en muchos momentos importantes para tu familia y tus amigos tú ya no estarás, no formarás parte de ellos, no los vivirás.

Encuentras nuevas personas, nuevos amigos, formas una nueva familia, y mucha gente cuando te ve nostálgico te dice: «Venga, sonríe, anímate. Mira todo lo que has conseguido, todo lo que tienes aquí».

Pero nadie sabe que el vínculo que llevas dentro es inquebrantable y que, muchas veces, tira con una fuerza invisible y arrebatadora.

Mi abuelo, junto con su familia, lo empezó todo. En un frágil momento, dejaron atrás su tierra en busca de algo nuevo, otro comienzo. En su nuevo país nací yo. Resultado de una mezcla de culturas y de historias. Cuando lo perdimos, me sentí sola, muy sola. Quería abrazar a mi abuela con todas mis fuerzas y llorar con ella, con mi padre, con mis hermanas. Pero tuve que llorarlo sola.

Era lo único que podía hacer y mi llanto duró muchos días. Me sentía miserable.

Ese es el sombrío y aplastante poder de la distancia.

Aun así la vida es un regalo, aunque algunos duros momentos se perciban como un castigo.

Todo depende de cómo afrontas esas ocasiones en que crees que ya nada puede empeorar. Todo depende de si te dejas abatir, o de si miras profundamente a los ojos del infortunio y le sonríes, aunque sea con desolación.

Yo suelo coger fuerzas en la naturaleza. Dejo que ella me invada a través de su omnipotencia. Busco un bosque, una floresta, persigo el murmullo de algún arroyo que corra atemporal colina abajo, sin barreras, sin fronteras.

Después de una tormenta, me siento solita en alguna piedra aún húmeda, esperando oír el cantar de los pájaros en júbilo mientras resurgen los ansiados rayos de sol.

Brinco con las canciones de los bosques compuestas desde la más pura armonía.

Los jardines también tienen ese poder, el de curar. Sobre todo cuando los has creado tú a partir de un sueño. Pero no hay nada más primigenio que sentirse rodeado por frondosos y antiguos árboles, conectados a través de sus raíces con algo mucho más superior a todo lo manifiesto y visible.

Recuerdo con alegría el momento en que pisé por primera vez el Valle de Pineta, en el Pirineo aragonés. La plenitud que llegué a sentir rodeada por tamaña e impresionante belleza ancestral y salvaje me hizo recuperar la energía perdida en algunos duros meses de batalla. Tan solo con una respiración un poco más intensa, con solo mirar atentamente aquellas montañas coronadas de nieve y reverenciadas por un verde palpitante.

Paseando por uno de los tantos senderos que recorren los bosques, encontré un recodo casi oculto formado por piedras altísimas recubiertas por musgo y helechos, abrazadas por árboles cubiertos de plantas epifitas, y por un verde húmedo e intenso. A los pies de las inmensas rocas avisté una planta que, aun con toda la experiencia adquirida a lo largo de los años, yo no conocía. Era maravillosa, única y estelar, una *astrantia* simplemente magnífica. Me dejó totalmente sin aliento. Me quedé allí admirándola con éxtasis, luego acaricié los musgos de las rocas retratando mentalmente aquel rincón en mi mente. Luego inspiré profundamente y volé tan lejos como mi aislamiento y añoranza me permitieron. Volé allí donde un verde muy similar había ayudado a forjar unos sueños que, por aquel entonces, parecían de lo más impalpables.

De una forma tímida y benévola, aquel fiero entorno fue poco a poco rellenando el vacío que mi añorada selva había dejado en mi interior. La selva no es algo que se pueda sustituir, es algo que siempre llevas dentro. Pero puedes recibir pequeñas y constantes inyecciones de naturaleza indómita, que te curan y te ayudan a sobrellevarlo.

Hoy, gracias a mi trabajo, cuando viajo por el mundo y me preguntan de dónde soy, me quedo taciturna por unos instantes sin saber realmente qué contestar. ¿Soy de Brasil o soy de los bosques? ¿Soy de Madrid o soy de las selvas? ¿Soy en realidad de algún sitio? ¿Cuál es mi tierra ahora, después de tantos años fuera?

Lo único que sé con seguridad es que soy de mi misma, que soy mía. De nadie más.

Con el tiempo he sabido valorar todos los regalos que la vida me ha traído.

También he sabido reconocer cuándo he sido yo la responsable de una conquista o de lo contrario, la culpable de mi propio fracaso.

Tu resiliencia necesita ser superior al dolor que puedas sufrir en algunas etapas de tu desarrollo personal, si quieres superarlo. Si quieres ser capaz de entender la razón por la que te ha pasado algo. Para poder ser capaz de comprender que muchas veces el dolor es inevitable y que nos llega a todos.

En eso se resume nuestras vidas, a momentos.

Momentos de felicidad plena, momentos de dolor extremo, momentos apacibles y momentos sin más. Pero es el conjunto de todos esos instantes lo que hace que la vida valga tanto la pena.

Esta historia empieza hablando de soledad, porque sea en mayor o en menor cantidad siempre estará presente en nuestras vidas. Luego la historia sigue con muchos buenos y algunos difíciles momentos.

Momentos.

A veces ganas, a veces pierdes.

Seguiré perdiéndome cosas, que continuarán sucediendo mientras estoy muy lejos, al otro lado del océano. Pero también seguiré persiguiendo y conquistando mis sueños, me lleven donde me lleven.

Cuando me caiga al suelo, y dependiendo de la dureza del golpe, me reiré de mi torpeza. Sin importar si el golpe ha sido en realidad ocasionado por un resbalón, por un empujón, o por una zancadilla. Sin minimizar que alguna vez alguna persona intente mantenerme abajo, con la fuerza de una patada.

Porque esas caídas normalmente funcionan al revés con algunas personas. Desde luego conmigo es así. Cuanto más intentan humillarme, retenerme o agredirme, más combustible me proporcionan para seguir perseverando. Y así deberíamos poder ser todos.

Incluso aunque el impacto de la caída sea tan grande que me quede rota de dolor, sin fuerzas ni siquiera para respirar o tomar aliento, me levantaré en algún momento. Estar en el suelo no es algo permanente para mí.

Debo seguir avanzando con todo mi ímpetu.

Porque esa es y siempre será mi naturaleza.

Una naturaleza forjada en una íntima, profunda y exuberante selva.

Así soy yo, de naturaleza indómita.